Vous pouvez retrouver chacune des histoires
de ce recueil dans les collections du Père Castor.

www.flammarion-jeunesse.fr
82, rue Saint-Lazare – CS 10124 – 75009 Paris
ISBN : 9782080450647
N° d'édition : L.01EJDN002412.N001 / 631348-0
Dépôt légal : novembre 2024
Imprimé en Chine par Toppan Leefung – 09-2024
Loi n° 49-956 du 16 juillet 1949 sur les publications destinées à la jeunesse.

Histoires du soir

PÈRE CASTOR

Les Histoires du Père Castor

On a tous une histoire du Père Castor dans le cœur,
un souvenir d'enfance, un moment de partage entre générations.
Qu'elles soient nées dans l'esprit fécond d'un auteur
ou venues du fond des âges et de pays lointains,
ces histoires transmettent une culture,
une tradition, elles parlent de nous.
Comprendre, accepter les autres, mieux se connaître,
se laisser porter par la magie des mots et des images :
c'est tout cela que les Histoires du Père Castor offrent.

Depuis 1931, le Père Castor crée les classiques
de la littérature pour enfants, d'hier et d'aujourd'hui,
pour le plaisir toujours renouvelé du partage de la lecture...

SOMMAIRE

L'Histoire du soir

Une histoire de Laurence Gillot et Philippe Thomine
Illustrée par Marc Boutavant

C'est l'histoire…

… de Martin Lapin qui avait un beau potager et qui,
tous les soirs, allait s'y reposer.
Il regardait la nuit tomber, les étoiles s'allumer une à une,
et la lune, la belle lune, monter au milieu du ciel.

Puis, quand il faisait tout noir, bien noir, il respirait à pleins poumons le parfum des carottes et des poireaux, des salades et des haricots.

C'est à ce moment que Martha Lapin l'appelait.
Elle disait :
– Martin ! Viens dire bonsoir à nos lapereaux !

Martin descendait alors dans le terrier, il embrassait ses petits et leur chuchotait :
– Mes chers enfants, écoutez bien ! C'est l'histoire...

… de Florent Éléphant qui avait une belle prairie et qui, tous les soirs, allait s'y reposer.
Il regardait la nuit tomber, les étoiles s'allumer une à une, et la lune, la belle lune, monter au milieu du ciel.
Puis, quand il faisait tout noir, bien noir, il respirait à pleins poumons le parfum des arbustes et de leurs baies tendres, et celui de l'herbe haute et blonde.

C’est à ce moment
que Flora Éléphant l’appelait.
Elle disait :
– Florent ! Viens dire bonsoir
à nos éléphanteaux !

Florent se glissait alors sous le feuillage
des arbres, il embrassait ses petits
et leur chuchotait :
– Mes chers enfants, écoutez bien !
C’est l’histoire...

... de Paolo Manchot qui avait un bel iceberg
et qui, tous les soirs, allait s’y reposer.
Il s’asseyait tout en haut et il regardait la nuit tomber,
les étoiles s’allumer une à une, et la lune,
la belle lune, monter au milieu du ciel.
Puis, quand il faisait tout noir, bien noir, il respirait
à pleins poumons le parfum du vent et de l’océan,
de la glace et du poisson.

C’est à ce moment que Paola Manchot l’appelait.
Elle disait :
– Paolo ! Viens dire bonsoir
à nos petits manchots !

Paolo retournait alors sur la banquise,
il embrassait ses petits et leur chuchotait :
– Mes chers enfants, écoutez bien !
C’est l’histoire...

… d'Éloi Dauphin qui vivait dans un grand lagon et qui, tous les soirs, allait s'y reposer. Il posait sa tête sur une vague et il regardait la nuit tomber, les étoiles s'allumer une à une, et la lune, la belle lune, monter au milieu du ciel.
Puis, quand il faisait tout noir, bien noir, il respirait à pleins poumons le parfum du sable et des algues, de la marée et des coquillages.

C'est à ce moment
qu'Élisa Dauphin l'appelait.
Elle disait :
– Éloi ! Viens dire bonsoir
à nos bébés !

Éloi rejoignait alors son repaire sous l'eau.
Il embrassait ses petits et leur chuchotait :
– Mes chers enfants, écoutez bien !
C'est l'histoire…

… de Martin Lapin
qui avait un beau potager…

Petite Poule noire comme nuit

Une histoire de Jo Hoestlandt
Illustrée par Madeleine Brunelet

Au pied de la colline verte, il y a une ferme aux volets rouges.
Et dans cette ferme, les vaches font du lait, les moutons de la laine,
le cheval tire le trait, le chat chasse les souris, le chien surveille,
le coq chante, et les poules pondent.
Chacun, chacune, fait ce qu'il doit faire.

Des poules, il y en a trois :
deux blanches comme neige
et une noire comme nuit.
Les deux poules blanches pondent
dans la paille chaque matin,
avec grand effort, un œuf
à la jolie coquille fragile.
Elles sont aussi fières de leur œuf
que s'il était d'or !

Mais la petite poule noire, malgré tous ses efforts,
ne pond jamais rien que quelques petites crottes.
Elle en conçoit bien du dépit, bien du chagrin.

La fermière souvent lui demande avec un peu de colère dans la voix :
– Dis-moi à quoi tu nous sers, toi ? À rien !
À rien qu'à manger du grain ! Quelle misère !

La petite poule baisse la tête et ne répond rien.
Elle ne sait pas, elle non plus, à quoi sert sur Terre une petite poule noire
qui ne pond rien. C'est un grand mystère...

Parfois, les deux poules blanches couvent leurs œufs.
Et de chacun d'eux, alors pondu et couvé, sort un poussin jaune d'or !
Les deux poules sont bien récompensées de leur effort !
La petite poule noire regarde avec envie ces petits poussins
qui pépient au nid. « Cui cui, cui cui ! »
Comme ils sont jolis !

Un jour, en catimini, elle ramène au nid un croûton de pain doré.
Il ressemble tellement à un œuf !
Elle se dit que peut-être, par magie, il en sortira, un matin, une petite tête, une petite tête de poussin jaune et joli comme tout...

Mais il n'en sort rien du tout. Les autres se moquent d'elle, et puis c'est tout.
Alors, du bec, elle le déchiquette.

Mais un jour, une hirondelle, un peu perdue et fatiguée, vient se poser près d'elle au poulailler.

– Je peux rester près de toi, cette nuit ? demande-t-elle à la petite poule noire posée là tout à côté.

– Bien sûr ! répond celle-ci, enchantée d'avoir de la compagnie pour la soirée.

Elles babillent et papotent toutes les deux.
L'hirondelle raconte ses acrobaties,
la petite poule noire ses déboires,
sa tristesse de petite poule noire
qui ne sert à rien qu'à manger du grain.
L'hirondelle compatit et dit :
– Personne ne sert à rien dans la vie ! Garde espoir, petite poule noire !

Et elle se blottit contre elle comme une amie.

Et c'est à l'aurore de ce matin-là que l'hirondelle,
sortant de son sommeil, le voit ! Le comprend !
Le grand mystère d'à quoi sert cette petite poule noire !
– Bien sûr ! crie l'hirondelle. Comment ne l'as-tu pas deviné ?
De la nuit sort le jour ! Toujours ! Regarde derrière toi !
Ce que tu n'as pas vu ! Regarde ce que tu as pondu !
Cet œuf énorme !

Et elle lui montre le soleil jaune pâle, jaune poussin, jaune d'or,
qui éclôt dans le ciel comme un œuf merveilleux !
Le plus bel œuf du monde !
De cet œuf qui éclôt, bientôt, sort le jour, et tout ce que le jour fait naître
et renaître toujours : les arbres, les villes, les animaux, les gens,
la mer et la montagne, tout ce qui est beau !

Alors l’hirondelle le crie à tous les animaux, à la fermière, à la Terre entière :
– S’il fait jour, s’il fait beau, si le soleil luit, si tout revient chaque matin à la vie, c’est grâce à la petite poule noire que voici ! Elle fait de chaque jour, un jour parfait !

Et tous voient bien que cela est vrai.
Tandis que l’hirondelle, d’un grand coup d’aile, s’élance vers le ciel
et y danse, la petite poule noire regarde son œuf immense
d’où sort le jour qui commence, et son petit cœur dans le noir est ravi.

Hans Brinker, le petit garçon qui sauva son village

Raconté par Violaine Troffigué, d'après Mary Mapes Dodge
Illustré par Sébastien Pelon

Dans un village du nord de la Hollande, vivait un petit garçon appelé Hans Brinker. Il passait des journées entières à jouer dans les prairies humides avec son ami Yan. Inséparables, les deux copains se baladaient le long des canaux, sur le bord desquels des chevaux paissaient en liberté. Courant d'une écluse à l'autre, ils construisaient alors des petits barrages en roseaux. Ou bien, ils cueillaient des bouquets de fleurs au pied des moulins à vent, pour les offrir ensuite à Gretel, la petite sœur de Hans.

Cet après-midi-là, Hans escalada la digue qui menait au village de son copain.
À sa gauche, la mer s'étirait sous ses yeux émerveillés !
À sa droite, les pâturages formaient de vastes étendues plates.
« C'est incroyable, pensa-t-il, ces terres sont plus basses que le niveau de la mer et ses bateaux de pêche ! »
De son promontoire, il jeta quelques cailloux pour les voir se précipiter dans l'eau.

Puis, il se mit à courir sur le chemin, jusqu'à apercevoir le moulin où vivait Yan.
Un vent puissant faisait tourner les grandes ailes du moulin.
Pieter, le père de Yan, se tenait sur la roue à aubes.

– Bonjour Hans, que viens-tu faire ici ? demanda-t-il. Tu cherches Yan ?
Il est parti avec sa maman à Haarlem. Je l'informerai de ta visite.
Mais maintenant, mon garçon, rentre chez toi avant que le vent ne se mette à souffler trop fort. Une tempête se prépare ! lança Pieter.
– La mer sera-t-elle agitée cette nuit ? s'enquit Hans.
– Oui, mais n'aie crainte, petit homme, les digues nous protègent, le rassura Pieter.

Hans le savait, son pays était bordé par la mer.
Son père lui avait raconté qu'autrefois, les terres étaient recouvertes d'eau !
Les hommes ont alors construit des moulins à vent pour puiser toute cette eau
et assécher les prairies. Et ils ont érigé des remparts, les digues, afin de repousser l'océan.
Sans elles, la mer inonderait bien vite les villages.
Depuis le Moyen Âge, les habitants des Pays-Bas n'ont ainsi cessé
de gagner des terres sur la mer.

Sur le chemin du retour, sans se soucier des conseils de Pieter,
Hans s'arrêta plusieurs fois pour observer le ballet des hirondelles.
Les oiseaux cherchaient à se mettre à l'abri.
Hans respirait à pleins poumons le grand air venu de la mer.
Le vent chahutait ses cheveux.
« Le soleil se couche. Si je ne me dépêche pas, la nuit va me surprendre », se dit-il enfin.
Il se mit à marcher plus vite.

Mais, fatigué de lutter contre les bourrasques, Hans fit une pause à l'abri de la digue.

Soudain, quelque chose retint son attention.
Dans le mur de la digue, Hans aperçut un tout petit trou.
Il plissa les yeux : quelques gouttes s'écoulaient de la fissure.
Or, il pressentait que ce tout petit trou, l'eau ne tarderait pas à l'agrandir.
Son sillon creuserait bien vite le lit d'un ruisseau, par lequel les eaux déchaînées pourraient tout inonder !

– Oh hé ! Il y a un trou dans la digue ! s'écria Hans.

Seules les rafales du vent lui répondirent.
Pas un homme dans les terres,
pas un bateau sur la mer.
Hans regarda le trou : un mince filet d'eau s'y déversait désormais.

Alors, le petit garçon enfonça son doigt dans le trou.
L'eau s'arrêta de couler.
« Tant que je reste là, nos villages et la ville d'Haarlem ne seront pas inondés. Il faut que je tienne jusqu'à ce que quelqu'un vienne combler le trou et réparer la digue. »

À présent, la nuit enveloppait tout. Hans gardait son poing dorénavant dans le trou. L'eau lui glaçait la main. Le petit garçon songeait à sa maison, à sa famille et à son lit. Grelottant de froid, il se blottit contre la digue.
Les vagues battaient furieusement sur le rempart.
Hans savait que s'il retirait son poing du trou, l'eau se précipiterait.
Lorsque le sommeil le gagnait, il rêvait que la digue cédait. Aussitôt il se réveillait, frissonnant mais le cœur vaillant dans la tempête. Alors, il fixait la lune et les étoiles qui illuminaient la nuit noire.

Le soleil se leva enfin, faisant rougir la campagne.
Le paysage apparut à Hans plus beau que jamais. Les oiseaux chantaient, et le petit garçon fut soulagé d'avoir retenu la mer.

Sur la digue, un homme à cheval approchait.
Hans appela de toutes ses forces.
– Que fais-tu là, couché sur la digue de si bon matin ? demanda le cavalier, lorsqu'il rejoignit le petit garçon.
– J'y ai passé la nuit, car j'empêche l'eau de s'écouler par une brèche, répondit Hans. Mais je suis si fatigué !
– Je vais prendre ta place !
– Non, s'il vous plaît, hâtez-vous jusqu'au village et dites à l'éclusier, mon père, de venir m'aider !

Le cavalier partit au galop
et revint peu de temps après,
accompagné de plusieurs hommes.
Le père de Hans se jeta sur son fils
et l'enroula dans une grande couverture.
– Nous pensions que tu étais resté chez Yan !
lui dit-il, le serrant contre son cœur.

Puis les hommes s'empressèrent
de reboucher le trou et consolidèrent la digue.

De retour au village, Hans fut acclamé par les villageois réunis.
– Ton courage nous a tous sauvés, lui répétait son père.
– Tu m'as toujours dit que chaque petite action permettait d'accomplir
de grandes choses. Je voulais protéger la nature que j'aime tant... dit Hans.
– Je suis si fier de toi, lui répondit son père, mais promets-moi
de ne plus prendre autant de risques !

Ce soir-là, bien au chaud dans son lit, Hans se laissa longuement bercer par le roulis de la mer. Le lendemain, Yan et lui prendraient leurs patins et se rendraient sur les canaux gelés. Tous les enfants des villages voisins de Haarlem s'y retrouvaient pour glisser sur la glace.

Dès lors, nuit et jour, les hommes et les femmes surveillent et consolident les digues contre les assauts de l'océan. Car, sans ces barrages, c'est le pays tout entier qui serait immergé. Voilà pourquoi, aujourd'hui encore, les Néerlandais se remémorent l'histoire du petit héros de Haarlem !

Pendant que Maman fait la sieste

Une histoire de Jo Hoestlandt
Illustrée par Claire Frossard

Pendant que Maman fait la sieste,
il ne faut pas faire de bruit.

Chut, Nounours.
Cesse de te disputer
avec la poupée.

Chut, les petites autos.
Ne faites plus la course
sur le plancher.
Et la voiture de pompier,
arrête de chanter !

Pendant que Maman fait la sieste, il ne faut pas faire de bruit.
Chut, le ballon ! Ne tape plus sur le mur du salon !

Chut, les animaux de la ferme ! Le veau, la vache, le chien, le cochon, arrêtez de meugler, d'aboyer, de ronchonner !
Maman fait la sieste, j'ai dit !

Chut, le petit avion.
Ne t'en va pas voler dans le plafond !

Chut, Monsieur le vent.
Cessez d'être bruyant,
soufflez sur les arbres silencieusement.

Et vous, Madame la pluie, tombez doucement,
sans faire de bruit.

Si tout le monde est bien sage, quand Maman sera réveillée...
on pourra taper, pin-ponner, crier à tue-tête !
Meugler, aboyer, ronchonner !
Chanter, plic-ploquer, faire la fête, et...

… et partager tous ensemble un bon,
un délicieux, UN ÉNORME goûter !

Dans le noir de la nuit

Une histoire de Magdalena
Illustrée par Christine Davenier

– Petit Louis, au lit !
– Je n'ai pas envie.
– Au lit, je te dis !
– Mais je ne suis pas fatigué, moi ! dit Petit Louis.
– Au lit mon chéri, c'est l'heure de dormir ! dit Maman.
– Oui, mais je ne peux pas m'endormir sans mon oreiller-doudou.
– Écoute, mon chéri, il est déjà tard, et je ne sais pas où il est.
Regarde, tu peux prendre ce gros coussin que tu aimes bien,
et compter les moutons, ainsi tu t'endormiras en un clin d'œil, dit Maman.
Allez, un dernier bisou à mon petit chéri, et zou ! Tu vas faire un bon gros dodolidodo.

Petit Louis pose son gros coussin sur ses genoux.
Après avoir compté et recompté les poissons, les cochons, les dindons, les hérissons, les moutons et les dragons, Petit Louis n'a plus du tout envie de dormir.
Il se demande où est passé son oreiller-doudou.
« Et s'il était au fond de mon lit ? » se dit Petit Louis.

Petit Louis rabat sa couette sur sa tête.
Du coup, il fait nuit tout autour de lui.
« Qu'est-ce qu'il y a, là-bas ? » se demande Petit Louis.
Et le voilà parti.

Dans le noir, à tâtons, Petit Louis tâte un poisson volant.
– Pardon, poisson, je ne t'avais pas vu, dit-il.

– Mais tu es réveillé à une heure pareille ! dit le poisson volant en dépliant ses ailes.
– C'est que… je cherche mon oreiller-doudou, tu peux m'aider ? demande Petit Louis.

– Ton ore ller-doudou ? Pas vu, pas pris !
Pas ici, peut-être par-là, dit le poisson volant.
Suis-moi, on va le chercher.

Et il vole si vite, que Petit Louis se met à courir
pour ne pas le perdre de vue.

En courant, Petit Louis se cogne dans un cochon qui tourne en rond.
– Tu ne devrais pas dormir, toi, à cette heure-ci ? demande le cochon grognon.

– Pardon, cochon ! Si si, je dois dormir, mais je cherche mon oreiller-doudou.
Tu peux m'aider ? dit Petit Louis.
– Gronch non ! Je suis très occupé, pas le temps de chercher ton oreiller-doudou, désolé.
Va plutôt demander au dindon. De toute façon, il connaît des berceuses si ennuyeuses
qu'elles peuvent endormir n'importe qui.

– Pardon, dindon, je cherche mon oreiller-doudou, tu peux m'aider ?
– Il est tard, tu dois dormir. Grimpe vite sur mon dos, je vais te chanter une berceuse qui remplacera ton oreiller-doudou.
Dodolidodo, dodolidindon,
Ton oreiller-doudou s'est sauvé,
Avec lui le sommeil s'est envolé,
Dodolidodo, dodolidindon.

Et, en chantant, le dindon se dandine tant…
que Petit Louis tombe sur le dos d'un hérisson.
– Ouille, ouille, mon dos ! dit le hérisson ronchon.
– Aïe, aïe, mes fesses ! dit Petit Louis en se frottant le derrière.

– Pardon, hérisson, je cherche mon oreiller-doudou, tu peux m'aider ?
– Moi, je pique trop pour te servir d'oreiller, mais je connais un troupeau de moutons tout doux. Ils sont passés par ici, ils repasseront par là. Tiens, les voilà !

– Attendez-moi, attendez-moi, dit Petit Louis
qui leur court après, quand il se prend les pieds
dans le plus petit des moutons tout doux.
Pardon, petit mouton tout doux, je cherche
mon oreiller-doudou, tu peux m'aider ?
– Oui, mais avant, jouons à saute-mouton !
dit le petit mouton tout doux.

Petit Louis et le petit mouton tout doux jouent comme des fous...
quand un dragon surgit derrière eux.

Il éclaire la nuit à la recherche de ceux qui ne dorment pas !
Effrayé par le bruit des ailes dans le ciel et les éclairs de feu dans la nuit,
Petit Louis s'enfuit.
Il remonte vite du fond de son lit en tirant son oreiller-doudou qu'il a retrouvé.

Arrivé en haut, il pose sa tête sur son oreiller-doudou,
et s'endort aussitôt.

Matriochka

Un conte de Sandra Nelson
Illustré par Sébastien Pelon

Au nord-est de Moscou, dans la forêt de Semenov, vivaient Ivan et Natacha, modestes moujiks, et leurs cinq filles. Aussi belles que douces, elles s'entendaient à merveille et ne se quittaient jamais. D'une ressemblance saisissante, seule leur taille successive les distinguait.

Chaque fille possédait un don particulier.
Katérina, l'aînée, cuisinait des plats délicieux.
Anna, la deuxième, avait une voix enchanteresse.
Marina, la troisième, cousait et brodait à la perfection.
Tatiana, la quatrième, lisait dans les pensées.
Quant à la cinquième, Véra, elle était championne d'échecs.

Un jour, Ivan et Natacha leur annoncèrent une bien triste nouvelle :
– Mes chères enfants, la récolte a été détruite par la grêle. Nous n'avons plus rien à manger : plus un bout de lard, plus un bol de soupe, plus un bout de pain. Katérina doit aller travailler chez Baba Yaga.

Les filles poussèrent ensemble un cri d'effroi :
– Non !
Et elles se jetèrent dans les bras l'une de l'autre.

Baba Yaga était l'horrible sorcière qui habitait de l'autre côté de la rivière, dans une petite isba montée sur quatre pattes de poule.
Cette ogresse aimait par-dessus tout dévorer des petites filles pour son dîner.
Natacha rassura Katérina tant bien que mal :
– Ne crains rien, ma fille. J'ai fabriqué une poupée qui a ton visage, trait pour trait.
Tant qu'elle sera avec moi, elle te défendra.
Petite poupée, petite poupée,
Mon enfant tu dois protéger, chantonna Natacha,
avant de la poser sur la cheminée.

Les quatre sœurs protestèrent mais la courageuse Katérina se résigna :
– J'irai dès demain chez Baba Yaga.

Les sœurs passèrent la nuit à pleurer, se consoler, puis pleurer à nouveau.
Elles n'avaient jamais été séparées et ne pouvaient imaginer d'abandonner leur aînée.
L'aube approchait et Véra, la plus jeune, eut une idée :
– Si tu dois aller chez Baba Yaga, nous venons avec toi.
Nous pourrons t'aider si elle veut te manger comme un poulet ! Cachons-nous sous ta robe.

Et Véra se cacha sous Tatiana, qui se cacha sous Marina, qui se cacha sous Anna, qui se cacha sous Katérina.

Katérina et ses quatre sœurs
ainsi invisibles arrivèrent près
de l'isba de Baba Yaga.
La sorcière était encore
plus terrifiante qu'elles ne l'avaient
imaginée.
Elle avait des dents pointues,
le nez crochu et une voix aiguë.
– Ah, te voilà ! dit l'ogresse.
J'ai du travail pour toi.
Nettoie mon isba
et prépare-moi un bon repas.
Je serai de retour avant la nuit tombée.
Par le froid et par la pluie,
Par le grand vent de minuit,
Si tout n'est pas bien rangé,
Oui, da, je te mangerai.

Tremblant de peur, les sœurs
se dépêchèrent de balayer,
nettoyer, ranger, tandis que Katérina
préparait sa spécialité :
un bortsch avec de la betterave, de la viande et du chou,
puis une vatrouchka au fromage blanc truffé de raisins secs.

Baba Yaga rentra plus tôt que prévu car elle avait très envie
de croquer la petite fille.

Mais quand elle découvrit
que tout était rangé
et que son repas était prêt,
elle se contenta de dire :
– Ce repas est délicieux.
Je n'ai plus faim.
Je te mangerai demain.

En entendant ces mots, les sœurs
firent : « Oh ! » en chœur.
Mais Baba Yaga, qui avait dévoré
tout son plat, dormait et ronflait déjà.

Le lendemain, Baba Yaga ordonna à Katérina
de lui confectionner un manteau couleur de la mer.
– Je veux des broderies avec toutes les teintes du bleu,
du plus clair au plus foncé. Si tu en oublies une seule, gare à toi !
Et dépêche-toi, tout doit être prêt avant la nuit.
Par le froid et par la pluie,
Par le grand vent de minuit,
Si tout n'est pas bien brodé,
Oui, da, je te mangerai.

Tandis que les sœurs balayaient, nettoyaient et rangeaient, Marina se mit à l'ouvrage.
Cette fois, convaincue que la fillette n'aurait pu achever son travail,
Baba Yaga se lécha les babines.
Mais quand elle entra, elle découvrit un manteau scintillant aux multiples reflets bleutés.
– Je n'ai jamais vu de si belles broderies, dit Baba Yaga, très embêtée
de ne pouvoir faire rôtir la petite fille. Je te dégusterai demain, quoi qu'il arrive !

Et furieuse, la sorcière alla se coucher.

Pendant ce temps, Natacha, ayant découvert la disparition de ses autres filles,
confectionna quatre autres poupées qu'elle plaça à côté de celle de Katérina.
– *Petites poupées, petites poupées,*
Mes enfants vous devez protéger,
chantonna-t-elle une nouvelle fois.

Le lendemain, Katérina prépara les plats les plus merveilleux,
avec l'espoir que Baba Yaga changerait d'avis. Mais la sorcière,
bien décidée à manger la petite fille, après avoir tout avalé, lui dit ceci :
– Viens ici.

Soudain, une douce voix, sortie du fond de Katérina,
se mit à fredonner une très belle chanson.
– *Tourne la Grande Ourse, tourne la Petite Ourse.*
Il n'y a pas de nuit sans matin,
Le soleil reviendra demain.[1]

Anna chanta si bien que même Baba Yaga fut émue.
Elle pleura si fort que l'isba se mit à trembler
et à tourner sur elle-même. C'est alors que Tatiana
lut dans les pensées de Baba Yaga.

[1] Didier Rimaud, *Berceuse russe*

« Quand j'étais tsarine, j'ai été bannie car je n'ai pu donner la vie.
Un sort m'a changée en sorcière et condamnée à la vie infinie.
Le maléfice disparaîtra quand un enfant, aux échecs, me vaincra.
Mais nul enfant n'est plus malin que moi, et ce jour-là n'arrivera pas. »

Tatiana répéta mot pour mot ce qu'elle avait lu dans les pensées de la sorcière.
Et la rusée Véra proposa à Baba Yaga une partie d'échecs.
– Si tu me bats, tu me manges. Si je te bats, tu me donnes ta fortune.
– Ma fortune ? répéta Baba Yaga en ricanant. C'est impossible !
Je vais te battre immédiatement. Ce ne sera pas amusant.
Mais si c'est ta dernière volonté avant d'être avalée, tu peux préparer l'échiquier.

Baba Yaga, qui avait une très mauvaise vue, ne réalisa pas qu'une troisième main
sortait de la robe de Katérina. Véra se concentra tant et si bien qu'elle battit la sorcière.

La tsarine fut alors libérée de son sortilège et redevint une belle jeune femme.
Elle donna aussitôt sa fortune aux cinq sœurs qui rentrèrent chez elles saines et sauves, à la grande joie de leurs parents.
En souvenir, Natacha offrit ses poupées à la tsarine.
– Confie-leur ton vœu le plus cher, et tu seras exaucée.

La tsarine, qui, en retrouvant sa beauté, avait perdu sa richesse, se maria avec un jeune paysan.
Et son rêve le plus précieux se réalisa : ils eurent une fille, Matriona.
Ses parents la surnommaient affectueusement Matriochka.

L'enfant avait pour seuls jouets les poupées gigognes dont elle ne se séparait jamais.
Devenue adulte, elle se mit à en fabriquer. Elle leur donna son nom et depuis, les poupées Matriochka symbolisent la fertilité, et sont aimées des enfants du monde entier.

La Sieste de Moussa

Une histoire de Zemanel
Illustrée par Madeleine Brunelet

Couché dans son lit, Moussa est bien fatigué.
Ses yeux sont presque fermés.
Soudain il entend un bruit qui vient le déranger :
ça grignote et ça crie, c'est une souris.

Moussa se lève et lui demande gentiment :
– Veux-tu bien partir pour que je puisse dormir ?

Mais la souris refuse et continue de crier et de grignoter.
Avec un bruit comme ça, Moussa ne s'endort pas.

Il appelle alors son chat qui accourt à petits pas.
La souris disparaît aussitôt qu'elle le voit.
Moussa retourne dans son lit.
Mais il entend toujours du bruit :
ça ronronne et ça griffe,
c'est le chat qui s'étire sur son matelas.

Moussa se lève et lui demande gentiment :
– Veux-tu bien t'en aller pour que je puisse me reposer ?

Mais le chat refuse et continue de griffer et de ronronner.
Avec un bruit comme ça, Moussa ne s'endort pas.

Il siffle alors son chien qui se poste à l'entrée.
Le chat s'enfuit par la fenêtre sans chercher à discuter.
Moussa retourne dans son lit.
Mais il entend toujours du bruit : ça jappe et ça aboie,
c'est le chien qui mordille ses jouets en bois.

Moussa se lève et lui demande gentiment :
– Veux-tu bien aller te promener pour que je puisse sommeiller ?

Mais le chien refuse et continue de japper et d'aboyer.
Avec un bruit comme ça, Moussa ne s'endort pas.

Il demande alors l'aide du lion qui arrive en trois bonds.
Le chien décampe sans poser de question.
Moussa retourne dans son lit.
Mais il entend toujours du bruit :
ça remue et ça rugit,
c'est le lion qui tourne en rond.

Moussa lui demande gentiment :
– Veux-tu bien aller chasser
pour que je puisse me relaxer ?

Mais le lion refuse et continue
de rugir et de tourner en rond.
Avec un bruit comme ça,
Moussa ne s'endort pas.

Il fait alors appel à l'éléphant qui s'approche à pas lents.
Le lion n'insiste pas et file comme le vent.
Moussa retourne dans son lit.
Mais un éléphant, même très sage, cela fait beaucoup de bruit : ça souffle et ça barrit, ça écrase tout sur son passage.

Moussa lui demande gentiment :
– Veux-tu bien te pousser pour que je puisse respirer ?

Mais l'éléphant refuse et continue de barrir et de souffler.
Avec un bruit comme ça, Moussa ne s'endort pas.

Moussa ne sait plus quoi faire.
Alors il réfléchit et décide de rappeler la petite souris.
L'éléphant se carapate sans tarder,
car chacun sait que la terreur des éléphants
c'est la souris évidemment !

Moussa peut enfin commencer à rêver.
Il y a toujours des petits bruits de souris,
mais, comparés à des bruits d'éléphant,
ils sont beaucoup moins gênants !

Pourquoi les conifères sont-ils toujours verts ?

Raconté par Violaine Troffigué, d'après la tradition scandinave
Illustré par Crescence Bouvarel

Dans les forêts de Scandinavie, les arbres sont hauts et fiers.
L'été, ils sont peuplés d'oiseaux, et de leurs branches
s'élèvent mille chants mélodieux.
Mais les hivers sont froids et rudes.
Alors, certains oiseaux s'envolent
vers des pays plus ensoleillés.

Une jeune mésange vivait dans l'une
de ces forêts du Grand Nord. Elle se préparait
à quitter ces paysages pour la première fois
et s'entraînait pour le grand voyage.
La veille du départ, une chouette lapone
heurta la jeune mésange en plein vol.

Celle-ci tomba au sol
comme une feuille
d'automne, l'aile brisée.
– Tu ne peux plus voler,
lui dirent les oiseaux
migrateurs.
Tu vas devoir passer
l'hiver sans nous
dans la forêt.

Le lendemain, le cœur gros, la mésange regarda les oiseaux partir vers le sud. « Où vais-je trouver un abri dans cette vaste forêt ? pensa-t-elle. Et si je demandais aux arbres ? »

La petite mésange sautilla jusqu'au pied d'un chêne trapu et osa lui demander :
– Dites-moi, monsieur le Chêne, mon aile est cassée et je ne peux plus voler. Le Vent d'hiver va bientôt se mettre à souffler. Puis-je me nicher dans vos branches jusqu'à la belle saison ?

Le chêne fit craquer son large tronc.
– Certainement pas, répondit-il d'une voix sombre. Qui me dit que tu n'en profiteras pas pour voler mes derniers glands ? Cherche un autre arbre, petit oiseau.

La mésange poursuivit son chemin et s'arrêta au pied d'un bouleau feuillu qui semblait plus accueillant. Son tronc élancé possédait tant de branches !

Elle tenta de nouveau.
– Dites-moi, monsieur le Bouleau, mon aile est cassée et je ne peux plus voler. Le Vent d'hiver va bientôt se mettre à souffler. Puis-je me nicher dans vos branches jusqu'à la belle saison ?

Le bouleau se courba vers l'arrière, puis serra ses branches contre lui.
– Il n'en est pas question ! répondit-il vivement. Toutes mes branches me sont utiles pour garder mes feuilles face au Vent d'hiver. Je ne peux en sacrifier une seule pour te protéger. Cherche un autre arbre, petit oiseau.

La mésange reprit sa route et s'arrêta devant un saule, dont les branches souples, couvertes de petites feuilles, semblaient confortables.

Pleine d'espoir, elle demanda :
– Dites-moi, monsieur le Saule, mon aile est cassée et je ne peux plus voler. Le Vent d'hiver va bientôt se mettre à souffler. Puis-je me nicher dans vos branches jusqu'à la belle saison ?

Le saule avait le cœur plus tendre. Il considéra longuement la petite mésange, mais, finalement, déclara :
– Hum, je ne pense pas qu'ouvrir mes branches à un oiseau étranger soit une bonne idée. Comment être certain que tu ne croqueras pas mes feuilles en cachette ? Non, non, non, vraiment, je le regrette mais je ne peux prendre le risque de t'aider, petit oiseau...

N'y avait-il donc aucun arbre dans cette forêt
pour protéger un oiseau blessé du froid hivernal ?
La jeune mésange erra dans le sous-bois,
petite silhouette au pied des hauts arbres qui la toisaient.
Tous, l'apercevant, resserraient leurs branches contre leurs troncs.
Les cimes bouchaient le ciel. Elle était fatiguée de sautiller sur ce sombre chemin.

Soudain, tout devint lumineux : la mésange venait d'entrer dans une clairière.
Il n'y avait là que trois arbres qui ne ressemblaient pas aux autres.
Et pour cause, c'étaient des conifères : à la place de feuilles,
leurs branches étaient pourvues d'épines.

Le sapin aperçut la jeune mésange et lui demanda :
– Où vas-tu, petit oiseau ? Tu devrais être parti vers un pays chaud.
– Mon aile est cassée et je cherche un abri pour l'hiver, expliqua la mésange.
Mais aucun arbre ne daigne tendre une branche pour moi !

Les conifères se penchèrent vers l'oiseau,
et le pin déploya l'une de ses branches jusqu'au sol.
– Nous te protégerons, dit-il. Tu peux te nicher
entre mes branches. Elles sont assez nombreuses
pour te faire une place.
– Les miennes sont suffisamment épaisses
pour arrêter le vent, ajouta le sapin.
Tu ne sentiras pas son souffle glacé
et tu resteras bien au chaud !
– Quant à moi, conclut le genévrier, j'ai assez
de baies pour que tu puisses t'en nourrir tout l'hiver.

La petite mésange construisit un nid douillet dans lequel se blottir. Oh comme le pin sentait bon ! La ramure du sapin protégeait son refuge des premières morsures du froid et, chaque jour, elle picorait des baies du genévrier.

Ses chants emplissaient la clairière. C'était sa façon de les remercier.

Peu de temps après, un frisson se mit à parcourir la forêt :
c'était le souffle du Vent d'hiver.
Il commença par chasser les feuilles du chêne, qui n'eut pas le temps de protester, et fit tomber ses précieux glands au sol.
Puis il s'engouffra entre les branches du bouleau. L'arbre résista de toutes ses forces.
Mais le Vent d'hiver souffla si fort, qu'il parvint à lui arracher jusqu'à la dernière de ses feuilles.
Enfin, il se gonfla et se mit à tournoyer autour du saule, qu'il dépouilla comme les autres.

Le Vent poursuivit sa course folle à travers la forêt, chahutant les arbres, faisant ployer les branches et tourbillonner les feuilles.
Il laissait derrière lui les arbres nus frissonner de froid.

Puis le Vent d'hiver atteint la clairière.
Apercevant les trois arbres qui se tenaient serrés les uns contre les autres, il mugit :
– Ah, ah ! voilà encore quelques branches vertes avec lesquelles m'amuser !

À cet instant, une voix glaciale lui ordonna :
– Laisse ces trois arbres tranquilles !

C'était le roi Hiver, enroulé dans sa longue cape blanche qui lui tombait jusqu'aux pieds comme un manteau de neige.

– Ils abritent une jeune mésange qui, au creux de leurs branches, espère se protéger de toi, continua-t-il.

Puis, d'une voix chaleureuse, il s'adressa aux conifères :
– Puisque vous avez été bons avec ce petit oiseau,
vous pourrez désormais conserver vos épines l'hiver.

Alors, le Vent d'hiver se fit plus léger qu'une brise
et écarta doucement les branches du pin. Il aperçut
la petite mésange, à l'abri dans la tiédeur de son nid douillet,
en fut tout attendri, et passa son chemin.

Voilà pourquoi les conifères restent toujours verts, même en hiver.

Les Musiciens de Brême

Raconté par Kochka, d'après les Frères Grimm
Illustré par Amélie Dufour

Il était une fois un âne qui avait rendu des services pendant toute sa vie.
Devenu vieux et fatigué, il ne pouvait plus travailler.
Aussi, son maître parla de le faire tuer pour récupérer sa peau.
Effrayé, l'âne se sauva et prit la route de Brême.
« Là-bas, songea-t-il, je deviendrai musicien ! »

Chemin faisant, l'âne rencontra un chien qui se lamentait.
– Camarade, lui demanda-t-il, pourquoi gémis-tu à cœur fendre ?
– Je suis vieux et ne peux plus courir, répondit le chien.
Et comme je ne peux plus chasser, mon maître a voulu m'assommer, alors je me suis sauvé. Mais je ne sais pas où aller…
– Viens à Brême avec moi, nous y serons musiciens, suggéra l'âne.
Je jouerai du luth et toi des timbales !

Le chien aima cette idée.
À deux, ils poursuivirent leur chemin. C'était le début de l'amitié.

Plus loin, ils rencontrèrent un chat vautré au milieu de la route.
Il semblait triste comme trois jours de pluie.
– Camarade, lui demanda l'âne, pourquoi ne bouges-tu plus à prendre racine ?
– Mes os et mes dents sont usés, répondit le chat. Et comme je n'attrape plus de souris, ma maîtresse a voulu me noyer, alors je me suis sauvé. Mais je ne sais pas où aller…
– Toi qui miaules toutes les nuits, tu t'y connais en musique, répondirent en chœur les compères. Viens avec nous à Brême, nous y donnerons des concerts !

Le chat aima cette idée.
À trois, ils poursuivirent leur chemin. Leur amitié grossissait.

À proximité d'une ferme, ils rencontrèrent un coq qui s'époumonait.
– Camarade, lui demanda l'âne, pourquoi hurles-tu à percer nos tympans ?
– Je vais finir en potage ! cria le coq. Ma maîtresse veut me faire tuer ce soir !
– Toi qui chantes si bien, viens avec nous à Brême ! entonnèrent les compères. Nous formerons le meilleur groupe de la Terre !

Le coq aima cette idée.
À quatre, ils marchèrent toute la journée.

Le soir, parvenus dans une forêt, ils décidèrent d'y coucher.
L'âne et le chien s'allongèrent sous un arbre, le chat grimpa sur une branche, le coq vola au sommet.

– Une lumière brille à l'horizon ! cria l'oiseau tout en haut.
Il s'agit peut-être d'une auberge. Un bon feu doit y brûler.

N'ayant rien avalé de la journée, les quatre compères décidèrent d'y aller.

L'âne s'approcha de la maison le premier
et regarda dedans car il était le plus grand.
– Que vois-tu ? chuchota le coq.
– Une table remplie de mets !
Et des brigands en train de s'empiffrer !
– Voilà qui ferait notre affaire ! murmura
le volatile. Si on leur donnait un concert ?

L'âne posa ses pattes sur le rebord
de la fenêtre, le chien monta sur le dos de l'âne,
le chat grimpa sur le chien, le coq se percha
au sommet. Et, ayant compté jusqu'à trois,
ils se mirent à braire, aboyer, miauler, chanter.
Puis ils cassèrent la fenêtre...
Les brigands fuirent, épouvantés.

Les compères s'attablèrent et,
quand ils eurent le ventre plein,
chacun choisit un coin pour
se reposer :

l'âne dans la cour sur le fumier,
le chien derrière la porte,

le chat dans le foyer de la cuisine
à côté de la cendre chaude,

et le coq se percha
sur le toit ; décidément,
il adorait les sommets.

Fatigués, ils éteignirent
et s'endormirent sous l'œil
de la lune qui brillait.

À minuit, comme tout paraissait tranquille,
le chef des brigands désigna l'un de ses hommes.
– Va voir ce qui se passe dans la maison ! lui ordonna-t-il.

Le malchanceux entra, méfiant, dans la cuisine,
sortit une allumette et, pour l'enflammer,
l'approcha des yeux du chat qu'il prit pour
des charbons ardents. Le chat lui sauta
au visage et l'égratigna en jurant.

Paniqué, l'homme courut vers la porte,
le chien le mordit à la jambe.
Comme il traversait la cour,
l'âne lui décocha une ruade.
Depuis le toit, « KIRI KIKI ! »
hurlait le coq.

Terrifié et tout meurtri, le voleur rejoignit sa bande.
– Une sorcière hante notre maison, expliqua-t-il le cœur battant.
Elle a soufflé sur moi et m'a griffé avec ses doigts !
Puis, armé d'un couteau, un homme m'a piqué la jambe !
Un monstre noir m'a assommé d'un coup de massue !
Et un juge criait du haut du toit : « Qui s'amène ici ? »
Chef, si on y retourne, il va nous pendre !

Depuis ce jour, les brigands n'approchèrent plus de leur maison,
et nos étranges musiciens s'y trouvèrent si bien qu'ils s'y établirent.

Trois Petits Chats

Raconté par Anne Fronsacq, d'après la tradition
Illustré par Églantine Ceulemans

Maman-Chatte ne se lasse pas de contempler ses chatons.
Comme ses trois petits sont mignons avec leurs grands yeux malicieux !

Le premier est tout noir.
Sa fourrure est noire comme une nuit sans lune,
avec juste un minuscule point blanc à l'oreille droite.

Le deuxième est tout blanc.
Sa fourrure est blanche comme un champ couvert de neige,
avec juste un minuscule point noir sur le museau.

Le troisième est tout gris.
Son poil est gris comme les nuages un jour de pluie,
avec juste un minuscule point noir au bout de la queue.

Aujourd'hui les trois petits chats se sont installés dans la cuisine.
La pluie les empêche de jouer dehors.
Une souris pointe son museau et saute dans un grand saladier plein de farine.
Aussitôt les trois chatons bondissent pour l'attraper.

Le saladier se renverse et les voilà tous les trois recouverts de farine.
La souris en profite pour s'échapper…

Les trois petits chats vont trouver leur mère qui fait la sieste.
– Maman ! Maman ! Maman ! La souris a renversé toute la farine !

La chatte ouvre un œil et découvre trois chatons tout blancs.
– Non, non, je ne suis pas
votre maman, dit-elle.
Je ne vous reconnais pas.
Rentrez vite chez vous.

Et Maman-Chatte
se rendort aussitôt.

Les trois petits chats se regardent tout ahuris.

« Pi ! Pi ! Pi ! »
La souris est à nouveau là, et elle se moque d'eux.
Aussitôt ils se mettent à lui courir après.
La souris se faufile dans la cheminée. Ils s'élancent après elle...
Tous les trois piétinent dans les cendres et la suie qui collent à leurs poils.
Et la souris s'échappe à nouveau...

Les trois petits chats vont réveiller leur mère.
– Maman, Maman, Maman ! La souris a mis de la saleté partout !

La chatte s'étire, regarde ces trois chatons bien noirs.
– Non, non, vous n'êtes pas mes enfants ! dit-elle.
Je ne vous reconnais pas. Retournez chez votre mère !

Maman-Chatte leur tourne le dos, et se rendort aussitôt.

Les trois petits chats se regardent abasourdis.

« Pi ! Pi ! Pi ! »
La souris est revenue, et elle rit en les regardant.
Alors les petits reprennent la poursuite.
Les voilà dans la cave à sa recherche.
Tous les trois fouillent dans les coins et les recoins,
et leurs poils ramassent toute la poussière.
La souris, elle, a déjà filé dans son trou.

Les trois petits chats remontent furieux.
– Maman, Maman, Maman ! crient-ils. La souris a mis le bazar dans la cave !

La chatte se redresse et fait les gros yeux à ces trois chatons à la fourrure toute grise.
– NON ! NON ! Je ne suis pas votre maman. Vous n'êtes que des coquins !
Allez-vous-en avant que je me fâche !

Maman-Chatte a crié si fort que les trois chatons,
effrayés, se sauvent à toutes pattes.

Les trois petits chats se sont réfugiés dans le jardin où il pleut toujours.
Ils sont tristes. Leur maman les aime-t-elle encore ?
Comment redevenir ses petits chatons adorés ?

La pluie tombe à verse sur les arbres, sur les buissons et sur…
la fourrure des trois petits. Elle ruisselle tant et tant qu'apparaissent de nouveau…
… un chaton tout noir, avec un minuscule point blanc à l'oreille droite,
… un chaton tout blanc, avec un minuscule point noir sur le museau,
… un chaton tout gris, avec un minuscule point noir au bout de la queue.

Vite, vite, les trois petits chats courent retrouver leur mère.
– Maman ! Maman ! Maman ! Regarde, c'est nous !
– Enfin, vous voilà ! dit Maman-Chatte.
Mon chaton noir, mon chaton blanc et mon chaton gris !
Mais vous êtes tout trempés !
Mes trois petits, venez vite vous sécher !

Le petit chat noir, le petit chat blanc et le petit chat gris se pelotonnent dans la chaude fourrure tigrée de leur maman qui ronronne de bonheur.

Histoire d'une toute petite taupe et d'un lièvre très pressé

Une histoire de Sylvie Fournout
Illustrée par Rosalinde Bonnet

Feu Follet est si pressé qu'il ne finit pas son assiette !
Feu Follet est si pressé qu'il oublie de mettre sa casquette !
Feu Follet est si pressé qu'il n'entend pas son ami l'appeler !
Feu Follet est si pressé qu'il ne voit pas les nuages s'amonceler !

L'orage se met à gronder, et Feu Follet ne sait plus où il est.
Vite, le petit lièvre s'abrite dans un trou, sous un rocher.
Et comme il n'y a rien d'autre à faire, il regarde la pluie tomber.
« Plic-ploc-plic-ploc... »
– Quand la pluie va-t-elle s'arrêter ?!
soupire-t-il.

Tout à coup, quelque chose déboule dans son abri.
C'est une toute-petite-petite-taupe que la pluie a chassée de sa galerie.
Elle se pelotonne contre Feu Follet.

– Toi aussi tu attends la fin de l'orage ?
demande-t-elle.

« Plic-ploc-plic-ploc… »
Et, comme il n'y a rien d'autre à faire,
côte à côte, Toute-Petite-Taupe
et Feu Follet écoutent la pluie tomber.
« Plic… ploc… plic… ploc… »

– Quand la pluie va-t-elle s’arrêter ?! s’impatiente Feu Follet.
« Pliic… Plooooc. Poc. »

Ça y est ! Le soleil revient.
– Aïe ! gémit la taupe. La lumière est trop forte pour mes yeux ! Dans ma maison sous terre, il n’y a pas de soleil ! Et puis, comment je vais rentrer avec toute cette eau ?
– Grimpe sur mon dos ! Je te ramène !

Et hop, les voilà partis !

– Coâ ! Coâ !
– Tiens, Madame Grenouille est ici !
s'écrie Toute-Petite-Taupe. Je reconnais son cri.
Mais… c'est comment, une grenouille ?
– Eh bien, euh…

Oui mais voilà ! Feu Follet ne sait pas car il ne s'est jamais arrêté pour les chercher, les grenouilles. Lui, il fonce à travers les roseaux !

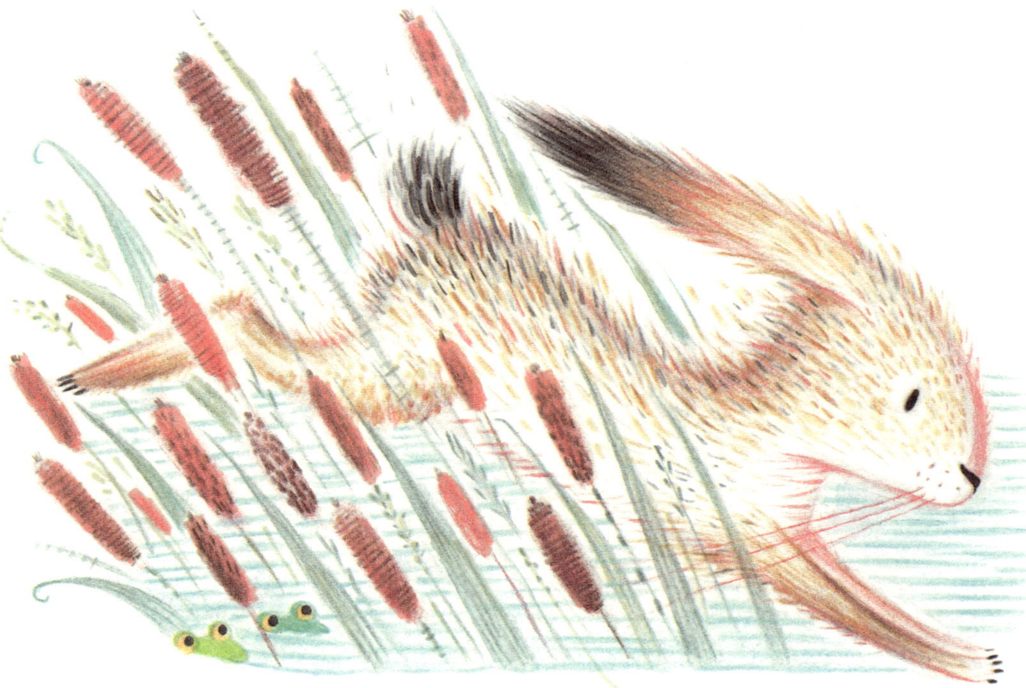

Bientôt, une tête aplatie, deux yeux ronds et dorés émergent de la mare.

– Elle est là, je la vois, chuchote Feu Follet.
Elle a deux grandes pattes à l'arrière,
deux plus petites à l'avant. Elle saute haut !
Une grenouille, c'est un peu comme un lièvre
en beaucoup plus petit, sans poils
et sans grandes oreilles !

Toute-Petite-Taupe tâte le dos, les pattes et la tête de Feu Follet, et elle comprend très bien ce qu'il veut dire.

– On y va ! crie Feu Follet en sautant à travers les hautes herbes du champ.

Toute-Petite-Taupe éclate de rire.
– Les brins d'herbe me chatouillent !
Mais... c'est comment, l'herbe ?
– Eh bien, c'est...

Oui mais voilà ! Feu Follet ne sait pas car il ne la regarde pas, l'herbe. Lui, il met tout dans sa bouche d'un seul coup !

Feu Follet s'arrête une deuxième fois, se dresse sur ses pattes : il voit des pâquerettes, des boutons d'or, des pissenlits, la menthe sauvage et même des libellules onduler sous le vent.
– L'herbe, dit-il, ça bouge comme des milliers de moustaches de taupe le nez au vent !

Et Toute-Petite-Taupe sent très bien ce qu'il veut dire.

Trois bonds encore, et les voilà dans la forêt.
– Je sens la bonne odeur des arbres !
dit Toute-Petite-Taupe. Je connais les racines,
mais… c'est comment, un arbre ?
– Eh bien c'est…

Oui mais voilà ! Feu Follet ne sait pas non plus.
Lui, il se faufile entre les troncs le plus vite possible !
Cette fois, il va aller voir de près. Il s'approche d'un sapin et respire la résine.
– Ça picote !

Toute-Petite-Taupe tend sa patte vers un chêne.
– Ça gratte !

Feu Follet dresse ses oreilles,
il écoute le vent dans les feuilles.
– Un arbre, ça chante ! murmure-t-il.
Ça donne envie de se blottir tout contre lui.
– Et de s'endormir, dit Toute-Petite-Taupe
en bâillant.

Le soleil descend maintenant.
Feu Follet et Toute-Petite-Taupe sont arrivés
à la taupinière. Toute-Petite-Taupe embrasse
son ami.
– À bientôt, Feu Follet ! Au prochain orage,
tâche donc de te perdre par ici, et moi,
je te raconterai tout ce qu'il y a sous terre !

Feu Follet rentre chez lui sans se presser,
il regarde les reflets à l'envers dans les flaques.
– Une flaque, c'est comme un miroir pour le ciel.
Il faudra que je dise à Toute-Petite-Taupe tout ce que j'y vois.
Vivement le prochain orage…

Aladin ou la lampe merveilleuse

Raconté par Kochka, d'après Les Mille et Une Nuits
Illustré par Madeleine Brunelet

Il était une fois, dans la Chine ancienne, un tailleur pauvre, Mustafa. Sa seule richesse était son fils unique, Aladin. Mais celui-ci ne pensant qu'à s'amuser, son père en mourut de chagrin.

Quelque temps après, Aladin traînait dans la rue quand un étranger l'aborda.
– Ne serais-tu pas le fils de Mustafa ?
– Si, répondit le garçon, mais il est mort.
À ces mots, les yeux de l'homme s'emplirent de larmes.
– Ton père était mon frère, expliqua-t-il. Conduis-moi près de ta mère. Je rentre d'un très long voyage.

Ignorant l'existence de ce frère, la mère d'Aladin s'étonna. Mais, comme l'étranger semblait s'intéresser à l'avenir de son fils, elle l'accepta. C'était un tort, car le prétendu oncle était un magicien venu d'Afrique. Il avait entendu parler d'une lampe aux vertus merveilleuses et était venu la chercher. Cependant, pour que la magie fonctionne, il ne pouvait la récupérer lui-même, il fallait qu'on la lui remette.

Déployant mille ruses, le faux oncle entraîna son neveu jusqu'à de lointaines montagnes et, au creux d'un vallon désert, il mit le feu à des broussailles.

Puis, il murmura des mots magiques et versa dans les flammes quelques gouttes d'un flacon.
Une fumée noire s'éleva du sol, la terre trembla et s'ouvrit.
Une pierre carrée apparut, munie d'un très gros anneau.
– Réjouis-toi, annonça le magicien : sous cette pierre, un grand trésor est caché.
Toi seul as le pouvoir d'y toucher. Prononce le nom de ton père, et tu la soulèveras.

Aladin s'exécuta. Sous la pierre, un caveau menait à une porte.
– Descends, dit le magicien, passe la porte et traverse trois salles
sans rien toucher jusqu'à ce que tu arrives à un jardin. Là, une lampe brûlera
dans une niche. Éteins-la et rapporte-la sous ta chemise. En revenant,
si tu veux, cueille quelques fruits sur les arbres.

Effrayé, Aladin ne bougeait pas.
Le magicien ôta une bague de ses doigts.
– Mets-la, elle te protégera.

Le cœur inquiet, Aladin suivit les instructions à la hâte. Il s'empara de la lampe et, sur le chemin du retour, emplit ses poches des fruits qui scintillaient sur les arbres. Alors qu'il réapparaissait, le magicien plongea son bras vers lui.
– Donne-moi la lampe !
– Avant, aide-moi à remonter, répondit le garçon qui commençait à se méfier.
– La lampe d'abord ! rugit le mage.

Et, comme le garçon persistait, il vida le flacon dans les flammes !
La pierre carrée se referma sur Aladin. Sous lui disparut la porte.

Une fois, deux fois, mille fois, Aladin appela mais il était enterré. Au bout de trois jours, épuisé, il joignit ses mains pour prier et, au passage, frotta l'anneau. Un génie immense apparut.
– Que désires-tu, toi qui me portes ? Ordonne et j'obéirai.

Aladin souhaita être délivré. Aussitôt, il se retrouva à l'air libre au milieu des montagnes et s'en retourna chez lui. À sa mère qui le croyait perdu, il conta son aventure et lui montra la lampe et les fruits. Ces derniers étaient en fait des pierres précieuses, mais tous les deux l'ignoraient.
– Je meurs de faim, dit Aladin.

Mais le buffet était vide. Aussi, il proposa d'aller vendre la lampe. Toutefois, comme elle était vraiment très sale, au préalable il la frotta. Un génie immense en sortit.
– Que désires-tu, toi qui me tiens ? Ordonne et j'obéirai.

Aladin souhaita manger. Le génie disparut… et réapparut les bras chargés de mets. Ce soir-là, et les jours suivants, mère et fils dînèrent copieusement. Quand les plats furent vides, ils les vendirent au marché. Et, lorsqu'ils n'eurent plus de ressources, ils recoururent à la lampe qu'ils avaient gardée.

Ainsi passèrent quelques années. Aladin devint sage et avisé. Il ne fréquentait plus la rue mais des marchands instruits, vendeurs de draps et joailliers. C'est ainsi qu'il apprit la valeur des fruits qu'il avait cueillis, mais, prévoyant, il les cacha.

Or, dans le même temps, à quelques rues de là, la princesse Bradoulboudour désira se rendre aux bains. Son père, le Sultan, ordonna sur-le-champ la fermeture des magasins ; chacun devait rester chez soi. Mais Aladin n'écouta pas. Par une fente de la porte du bain, il épia celle que nul ne devait voir… Elle était d'une si grande beauté, qu'instantanément il l'aima.

Le lendemain, Aladin envoya sa mère aux audiences du Sultan afin qu'elle demande pour lui la main de la princesse. En guise de présent, elle posa aux pieds du Sultan les pierres.
Émerveillé, celui-ci consulta son grand vizir à voix basse.
– Ne trouves-tu pas ce présent digne de ma chère princesse ?
– Certes, marmonna le vizir, cependant je vous supplie de ne pas décider tout de suite. Laissez une chance à mon fils de faire à la princesse un cadeau plus magnifique…
– Bonne femme, déclara le Sultan, j'accorde ce que tu demandes, mais ma fille ne sera prête que dans trois mois !

La mère d'Aladin s'en retourna, pleine de joie.

Mais, deux mois s'étaient écoulés, quand l'union de la princesse et du fils du grand vizir fut annoncée. En apprenant la nouvelle, Aladin frotta la lampe.
– Enlève les époux aussitôt qu'ils seront couchés, et dépose-les dans ma chambre !

Ainsi fut fait. Le génie enferma le fils du grand vizir dans un étroit cabinet, et Aladin expliqua à la princesse que son père avait trahi sa parole. Au point du jour, subrepticement, le génie redéposa les deux époux dans leur chambre. Tourneboulée, la princesse conta à son père ce qui lui était arrivé, mais celui-ci n'y crut pas. Le même scénario se reproduisit la nuit suivante. Le fils du grand vizir s'effondra.
– Je souhaite que ça s'arrête. Je n'en peux plus, je demande grâce !

À peine célébré, le mariage fut donc annulé, et, les trois mois écoulés, la mère d'Aladin se présenta à nouveau au palais.
– Sire, murmura le grand vizir en la reconnaissant, afin d'éviter à votre fille un mariage si peu convenable sans manquer aux mots prononcés, exigez d'Aladin qu'il vous fasse un présent si considérable qu'il ne pourra y arriver.
– Bonne femme, déclara le Sultan, votre fils n'épousera ma fille qu'à la condition de me faire livrer quarante bassins en or remplis de pierres aussi belles que celles déjà apportées. Ces bassins seront portés par quarante esclaves noirs conduits par quarante esclaves blancs.

Ainsi fut fait, grâce aux vertus de la lampe. Le lendemain, un pur-sang porta Aladin au palais. Des esclaves l'escortaient, jetant des pièces au peuple par poignées.
– Je n'épouserai votre fille, déclara-t-il au souverain impressionné, qu'après lui avoir construit un palais digne d'elle !

Le jour suivant, la demeure était achevée. Elle était si belle que le mariage eut lieu sans tarder, et les époux, comblés, s'installèrent dans leur palais.

Rapidement, la nouvelle fit le tour du monde.
En Afrique, le magicien en eut vent.
– Cet idiot, gronda-t-il, n'est pas mort dans les souterrains, il a certainement trouvé le secret de la lampe.

Il fit son bagage sur-le-champ.
Quand il arriva en Chine, Aladin était à la chasse.
Le magicien, qui devinait tout, savait où la lampe se trouvait.
Il en acheta une douzaine qui lui ressemblait et se mit à crier sous les fenêtres du palais.
La princesse s'étonna de ce brouhaha.
– C'est un fou, rapporta une de ses suivantes.
Il échange des vieilles lampes pour des neuves !

Or, Aladin avait laissé la lampe merveilleuse sur une corniche du salon.
Sans se douter de ce qu'elle faisait, la princesse la fit remplacer.
Dès qu'il fut seul, le magicien la frotta.
– Que désires-tu, toi qui me tiens ? lui demanda le génie.
Ordonne et j'obéirai.
– Enlève princesse et palais, répondit sournoisement le mage, et transporte-les en Afrique avec moi !

Le palais et sa fille ayant disparu, le Sultan fut saisi de rage.
– Qu'on retrouve cet Aladin, et qu'on me l'amène enchaîné !
– Sire, supplia Aladin, donnez-moi quarante jours pour les retrouver.
Sinon, vous aurez ma tête à couper.

Le Sultan accepta.
Quand il se retrouva seul, Aladin frotta la bague du magicien
dont il ne s'était jamais séparé.
Le génie jaillit à nouveau devant lui.
– Que désires-tu, toi qui me portes ? Ordonne et j'obéirai !
– Transporte-moi dans mon palais, dit Aladin,
et fais que je retrouve en secret la princesse.

Ainsi fut fait.
La princesse informa son époux que le magicien cachait la lampe sur sa poitrine.
– Joyau de ma vie, dit Aladin, quand cet homme vous rendra visite, offrez-lui à boire
du vin dans votre gobelet. Auparavant, vous y aurez versé de cette poudre empoisonnée...

Charmé par l'accueil que la princesse lui faisait, le misérable mordit au piège et,
dès qu'il but, il tomba mort. Aladin entra alors dans le salon et récupéra la lampe.
Le lendemain, pour le bonheur de tous, chacun et chaque chose avaient retrouvé leurs places.

La Grande Ourse d'Ikomo

Une histoire d'Agnès de Lestrade
Illustrée par Nicolas Duffaut

Dans le pays d'Ikomo, la neige recouvre tout.
Les jours sont aussi froids que les nuits,
et les maisons sont construites au creux de la glace.

Chaque jour, Ikomo chausse ses bottes en poils de renne
et sort pour pêcher. Depuis que son père est mort,
c'est lui qui nourrit sa famille.
Balaya, la petite sœur d'Ikomo, est très malade ; pour guérir,
elle doit manger autre chose que des harengs salés.
Aujourd'hui, le petit garçon ira pêcher au-delà de la montagne de sel ;
c'est là-bas que l'on trouve les saumons les plus gras.

Ikomo sait qu'il est interdit d'aller derrière la montagne,
parce que c'est le territoire de la grande ourse blanche.
On raconte que sa mâchoire est si puissante qu'elle peut dévorer
un homme en moins d'une minute.
Mais Ikomo n'a pas le choix.
S'il veut sauver Balaya, il doit faire preuve de courage.

La neige vole autour de lui, l'empêchant d'ouvrir les yeux.
Derrière son écharpe de laine, son nez est gelé.
Mais Ikomo avance malgré le vent.

Bientôt, il aperçoit la montagne de sel. Elle n'est pas aussi grande qu'on le dit.
Lentement, les bottes d'Ikomo s'enfoncent dans la neige molle.
En arrivant au sommet, il découvre un désert blanc qui s'étend à perte de vue.
Il prend sa petite planche de bois et s'assied dessus. Le vent lui fouette le visage,
et Ikomo rit en glissant sur la neige. Aucun ours à l'horizon,
pas la moindre empreinte de pas.

Ikomo s'approche de la rivière gelée, creuse un trou avec sa pioche et plonge sa ligne.
Aussitôt, un énorme saumon rose et frétillant s'agite au bout de sa canne.
Ikomo n'en croit pas ses yeux ! Bientôt, c'est un deuxième et un troisième
qui frétillent au bout de son hameçon. Tout heureux, il enfouit les poissons
au fond de son grand sac et s'apprête à prendre le chemin du retour.

Soudain, Ikomo sent une haleine chaude qui souffle dans son cou.
Il se retourne : la grande ourse blanche se dresse devant lui.
Debout sur ses pattes arrière, l'animal est cinq fois plus grand que lui.
Sa fourrure blanche est si épaisse qu'elle tremble à chacun de ses mouvements.
Ikomo se fige. L'ourse s'approche en grognant.
Les griffes sorties, elle s'apprête à lui sauter dessus.

Sans réfléchir, l'enfant lance un saumon.
L'ourse bondit, l'attrape dans sa gueule pendant
qu'Ikomo s'enfuit dans la neige. Il trouve refuge
dans une grotte creusée au milieu de la glace.
Il se glisse à l'intérieur et retient sa respiration.
« Je vais attendre la nuit pour sortir » pense-t-il
en serrant contre lui ses deux précieux saumons.

C'est alors qu'il entend un cri derrière lui. Il se retourne et aperçoit, dans la pénombre, un ourson blanc. Sa patte semble coincée dans un trou, et il gémit doucement. Du sang coule sur son poil.
Ikomo prend un couteau dans sa poche et tente de le dégager.
Mais l'ourson tire sur sa patte et grogne de plus en plus fort.
– Je vais t'aider, n'aie pas peur, chuchote Ikomo.

Et la patte blessée est enfin libérée.
Les cris de l'ourson ont attiré sa mère, la grande ourse blanche.
Bientôt, sa gueule effrayante apparaît. Ikomo pousse un cri : cette fois-ci, il est prisonnier de son refuge de glace.
Tandis que l'ourson se blottit contre sa mère, Ikomo pense qu'il va mourir, dévoré par la grande ourse blanche de la montagne de sel.
Comme tous les pêcheurs avant lui.
« Adieu Maman, adieu Balaya » murmure Ikomo.

La grande ourse blanche avance son énorme patte et le saisit.
Ikomo ferme les yeux. L'animal ouvre sa gueule et la referme aussitôt.
Ikomo a le temps d'apercevoir ses dents pointues et tranchantes.
Puis il pose l'enfant délicatement sur son dos
et se dirige d'un pas lourd vers la montagne.

La nuit est tombée quand Ikomo aperçoit son igloo.
La grande ourse blanche dépose Ikomo à l'entrée du village.
Puis elle disparaît dans la neige.
Depuis, Ikomo garde son secret précieusement caché dans son cœur.
Chaque jour, de l'autre côté de la montagne de sel,
la grande ourse blanche l'attend et veille sur lui.

Et Ikomo rapporte les saumons les plus gras,
qu'il partage avec les habitants des autres igloos.
Le printemps est revenu et Balaya a guéri.
Peut-être qu'un jour, Ikomo lui présentera son amie :
la grande ourse blanche de la montagne de sel.

Je ne trouve pas le sommeil

Une histoire de Christine Féret-Fleury
Illustrée par Mayalen Goust

Ce matin, pendant le petit-déjeuner, Maman a dit à Papa :
– Je suis fatiguée. Cette nuit, je n'ai pas pu trouver le sommeil.

Pauvre Maman ! Elle avait dû courir dans toute la maison, et peut-être dans le jardin, au bord de la rivière, dans les ruines du vieux château, sur la pelouse du stade, et le parking du supermarché, alors que le sommeil était avec moi, bien au chaud, dans mon lit.

« Ce soir, ai-je pensé, je prendrai le sommeil et je le porterai dans la chambre de Maman. »

La nuit est venue avec toutes ses étoiles et le grand gâteau de la lune bien accroché dans le ciel, mais le sommeil, lui, n'est pas venu. Je l'ai attendu longtemps. J'ai mis mes habits de pirate pour voyager avec lui jusqu'au matin, et puis mon déguisement de fée pour qu'il n'ait pas peur d'entrer.

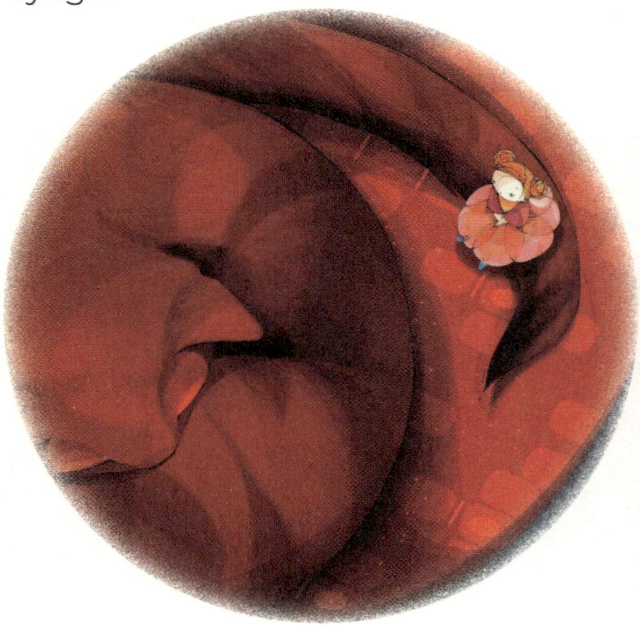

Mais à la fin, comme il ne venait toujours pas, j'ai décidé d'aller le chercher. Il n'était pas dans le salon. Seul le chat rêvait devant le feu.

Il n'était pas dans la cuisine. Mais quand j'ai voulu emmener Poum le chien avec moi, pour suivre la piste du sommeil, il n'a pas bougé, même une oreille.

Il n’était pas dans la buanderie.
Mais une famille de souris avait trouvé le fromage que Maman gardait pour demain.

Il n’était pas dans la salle de bains.
Et Mireille la tortue ne l’avait pas vu passer.

Il n’était même pas dans le grenier
où j’avais très peur d’entrer.
Heureusement Antinéa l’araignée gardait la porte,
personne n’aurait pu se faufiler.

Je l'ai cherché partout : dans mon coffre à jouets…
et le placard de ma chambre…
sous l'escalier…
et dans la cheminée.

J'allais mettre mes bottes et ma veste pour sortir dans le jardin quand j'ai senti que le sommeil venait de se poser, très doucement, sur mes paupières.

Alors j'ai mis mes deux mains sur lui pour ne pas le laisser s'échapper, et je l'ai emporté tout doucement dans la chambre de Maman.

Ce n'était pas facile dans le noir ! Arrivés près du grand lit, le sommeil et moi étions si fatigués que nous sommes restés là jusqu'au matin.

La Plume du caneton

Un conte de Colette Sébille
Illustré par Sébastien Pelon

– C'était la plus belle, pleure le petit canard dans un coin du poulailler. Pardon, Madame l'Oie, je vous prie de bien vouloir m'excuser, n'avez-vous pas vu une plume ? J'ai perdu une plume, c'était la plus belle.
– Ma foi non, je n'ai pas vu de plume. Mais va donc demander au dindon, peut-être pourra-t-il te renseigner.

– Monsieur le Dindon, bonjour ! N'avez-vous pas vu une plume, une belle plume jaune ? J'ai perdu ma plus belle plume.
– Non, mon petit, non je n'ai rien vu. Mais va voir la poule, peut-être pourra-t-elle t'aider.

– Pardon, Madame la Poule, n'avez-vous pas vu une plume ?
C'est moi qui l'ai perdue, c'était la plus belle.
Oh, comme je l'aimais cette plume !
– Je n'ai rien vu du tout, mon pauvre petit. Mais va donc voir le coq.
Je serais bien étonnée qu'il ne sache rien. Tu sais comment il est :
il veut se tenir au courant de tout.

Petit Canard n'a même pas le temps de parler.
– Ah ! bonjour, mon petit, dit le coq, tu viens me voir ?
Tu veux m'entendre chanter, n'est-ce pas ? Ah, le gentil petit !
Ne sois pas si timide, tu vas l'avoir ta chanson !
– Non, non, Monsieur le Coq, dit tout doucement le petit canard.
Je ne veux pas de chanson, je veux...
– Comment ? Tu ne veux pas de chanson !
Jamais je n'ai entendu une chose pareille !
Comment oses-tu me dire cela ?
À moi dont le chant est le plus beau ! Écoute !
Cocorico ! Cocorico ! Cocorico !

Dans le poulailler, chacun regarde son voisin avec l'air de dire :
« N'est-il pas malade, notre coq ? »

– C'est vraiment très joli, Monsieur le Coq, dit le petit canard, lorsque le coq se tait enfin. Mais je suis venu vous demander... N'avez-vous pas vu une plume, s'il vous plaît ? J'ai perdu une plume.
– Une plume ? Bien sûr que j'ai trouvé une plume ! Très jolie plume, ma foi ! Je l'ai plantée dans ma queue, et elle me va très bien.
– Ah ! Vous avez trouvé ma plume ! Quel bonheur ! Voulez-vous me la rendre, s'il vous plaît ?
– Comment ça, te la rendre ? Je l'ai trouvée, elle est à moi.
– Oh ! Monsieur le Coq, c'est ma plume !
– Rien à faire ! Il ne fallait pas la perdre ! C'est tant pis pour toi !

Et le coq s'éloigne.

« J'ai une idée ! » se dit le petit canard.
Il court chercher son frère, et lui raconte très vite et très bas toute l'histoire.

Petit Canard et son frère retournent voir le coq.
– Monsieur le Coq, bonjour ! dit le frère du petit canard.
Voulez-vous avoir la grande amabilité de chanter pour moi ?
Cela me ferait tant plaisir !
– Enfin ! Voilà un canard qui sait apprécier les belles choses.
Je te félicite, et je vais chanter pour toi ! Ah, mais je vois que tu as rappelé ton frère à la raison ! Toi aussi, maintenant, tu veux entendre une de mes chansons !
N'est-ce pas, Petit Canard ?
– Oh oui ! ment le petit canard.
– Bien. Alors, écoutez !

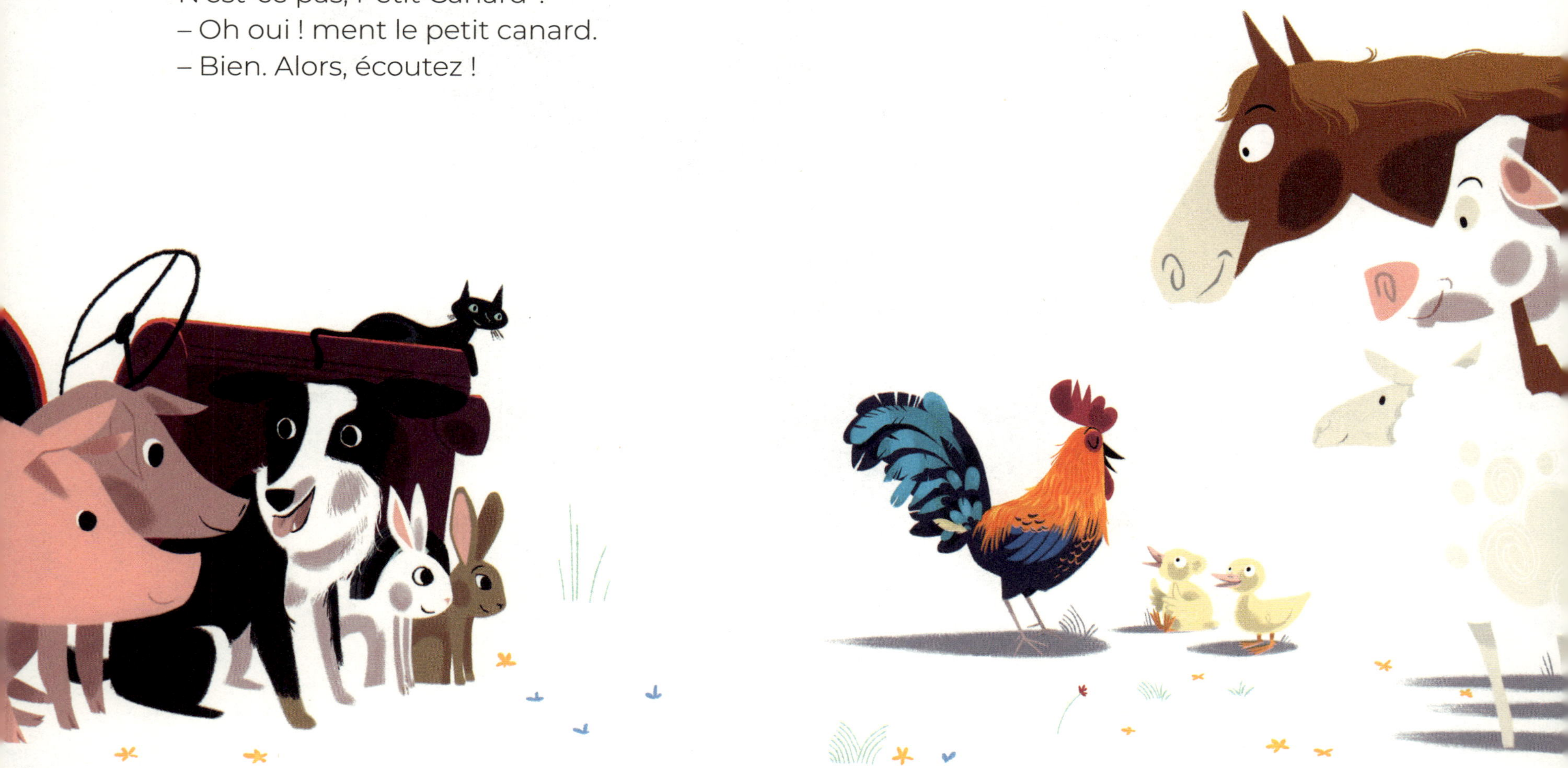

Et le coq se gonfle bien droit sur ses pattes.
La gorge rebondie et la tête fièrement levée,
il commence :

Cocorico ! Cocorico ! Cocorico !

Pendant ce temps, le petit canard court vite derrière le coq,
saisit sa plume et… s'en va à toutes pattes.

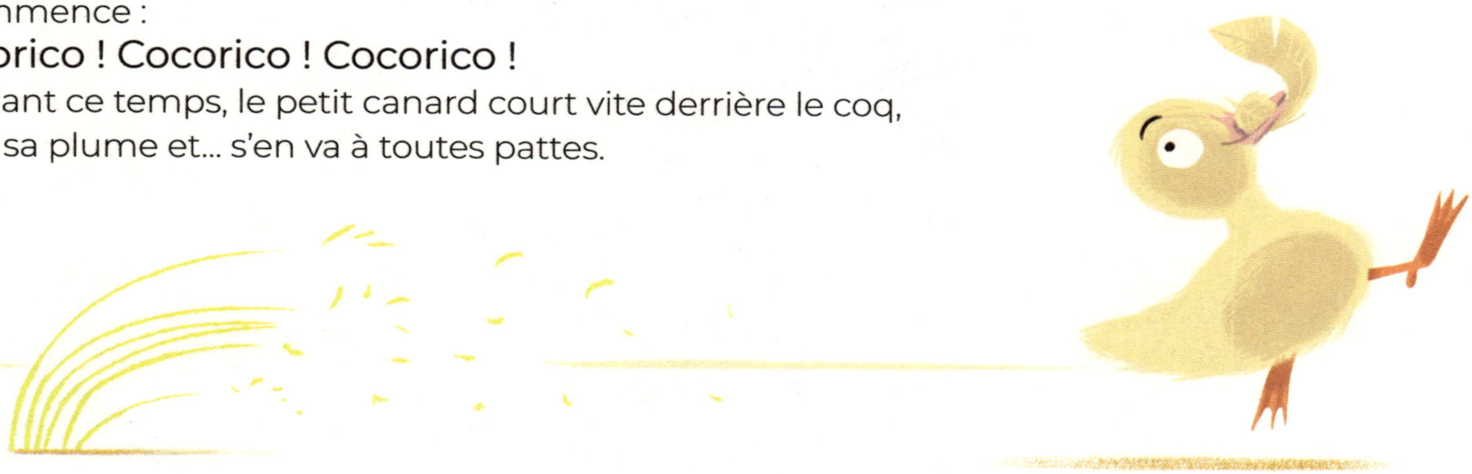

– Que se passe-t-il ? Qui a touché à ma queue ?
Qui a osé toucher à mes plumes ? crie le coq furieux.

Mais il n'y a plus personne pour lui répondre !
Dans le fond du poulailler, l'autre petit canard
aide son frère à replacer sa plume.

Le coq continue de crier, fou de rage :
– Qui a osé ? Qui a osé ?

Et l'oie et le dindon et les poules et les poussins
et les canetons baissent la tête pour qu'il ne les voie pas
se moquer de lui.

Les animaux qui cherchaient l'été

Un conte de Natha Caputo
Illustré par Julie Faulques

C'était l'hiver… et le bœuf s'ennuyait dans son étable.
« Je ne veux plus rester enfermé », se dit le bœuf.
Et, du museau, il poussa la porte et sortit.
Dehors, tout était blanc, blanc de neige.
« Où donc est parti l'été ? » se demanda-t-il.

Et il s'en alla droit devant lui.

De l'autre côté de la rivière, il rencontra
un beau bélier aux cornes recourbées.
– Où vas-tu donc ? lui demanda le bœuf.
– Je cherche l'été, répondit le bélier.
– Et moi aussi, dit le bœuf. Cherchons ensemble.
À deux, nous chercherons mieux.

Et ils s'en allèrent droit devant eux.

Plus loin, ils rencontrèrent un cochon
à la queue en tire-bouchon.
– Où vas-tu donc ? lui demanda le bélier.
– Je cherche l'été, répondit le cochon.
– Et nous aussi, dit le bœuf. Cherchons ensemble.
À trois, nous chercherons mieux.

Et ils s'en allèrent droit devant eux.

Près d'un étang, ils rencontrèrent une oie.
– Avez-vous vu l'été ? leur cria l'oie du plus loin qu'elle les aperçût.
Avez-vous vu l'été ? Il n'y a plus d'herbe, la neige a tout caché.
– Viens avec nous, dirent le cochon, le bœuf et le bélier.
Nous aussi, nous cherchons l'été. À quatre, nous chercherons mieux.

Et ils s'en allèrent droit devant eux.

En arrivant près de la forêt, ils virent un coq,
perché sur une souche.
– Que fais-tu là, si loin de ton poulailler ?
lui demandèrent le bœuf, le bélier, le cochon et l'oie.
Que feront les poules sans toi ?
– Je leur ai promis de chercher l'été.
– Viens avec nous, répondirent les autres.
À cinq, nous chercherons mieux.

Et ils s'en allèrent droit devant eux.

Mais ils eurent beau marcher, ils eurent beau chercher,
ils ne trouvèrent pas l'été, tout restait gelé.

– J'ai froid aux pattes, dit l'oie.

– J'ai froid au nez, dit le bélier.

– Moi, dit le cochon, j'en ai assez
de marcher dans la neige.

Alors ils s'assirent tous en rond :
le bœuf, le bélier, le cochon, le coq et l'oie.
– Il faut aller à droite, dit l'oie.
– Non, dit le cochon, il faut aller à gauche.
– Il faut aller vers le soleil, dit le bœuf.
– Il faut tourner le dos au vent, dit le bélier.
– Est-ce encore si loin ? soupira le coq.

Perché sur une branche, un corbeau les écoutait.
– Vous auriez dû partir plus tôt, cria-t-il. Voyez les hirondelles, elles n'ont pas attendu l'hiver ! L'été est de l'autre côté de la Terre.
– C'est vrai, dit un pic-vert, sortant de son trou.
L'été est de l'autre côté de la Terre, mais il reviendra.
– Alors... attendons-le ! proposa le bœuf.
– Oui, oui, attendons-le ! cria le coq.
– Mais il faudrait une maison ! dit le cochon.
– Comment faire ? demanda l'oie.
– Je sais ! cria le pic-vert. Suivez le ruisseau, vous trouverez ce qu'il vous faut.

Alors le bœuf, le bélier, le cochon, le coq et l'oie se remirent en route.
Bientôt, ils aperçurent une vieille cabane au toit percé, aux murs troués.
– Oh ! firent le cochon, l'oie et le coq, voilà juste ce qu'il nous faut.
– Elle est toute trouée ! dit le bélier.
– Ça ne fait rien. Avec de la boue, je boucherai les trous, dit le cochon.
– J'ajouterai de la mousse, dit l'oie.
– Et moi, des brindilles, dit le coq.
– Et je soufflerai pour vous réchauffer, dit le bœuf.

Tous se mirent à l'ouvrage.
Quand le soir tomba,
ils avaient si bien travaillé
que la cabane était réparée.

Ils s'installèrent. Le bœuf ruminait, le bélier était allongé,
le cochon se serrait contre le bélier pour avoir bien chaud,
l'oie allait de l'un à l'autre et disait :
– Comme on est bien chez soi, vous ne trouvez pas ?

Et le coq battait des ailes et chantait :
– Cocorico ! Comme on est bien au chaud !

Mais un loup, qui rôdait par là, l'entendit.
Il s'approcha, regarda par un trou que le cochon avait oublié de boucher.
Il vit le coq et l'oie.
« Oh ! le bon dîner », pensa-t-il.

Il poussa la porte et entra.
– Amis, demanda le bœuf à ses compagnons, avez-vous invité le loup parmi nous ?
– Non ! crièrent le coq, l'oie, le cochon et le bélier. Il est venu pour nous manger !

Alors le bœuf donna un grand coup de cornes au loup, et le bélier l'envoya rouler dehors.

L'oie sifflait, le cochon grognait et le coq criait à tue-tête :
– Cocorico ! Cassez-lui les dents ! Cassez-lui les crocs !

Le loup, tout étourdi, s'enfuit. Et, depuis, jamais plus il n'approcha de la cabane.

Et le coq, l'oie, le bélier, le bœuf et le cochon passèrent tranquillement l'hiver.
Ils attendaient l'été qui était de l'autre côté de la Terre.

Le Rat des villes et le Rat des champs

Raconté par Kochka, d'après Ésope
Illustré par Béatrice Rodriguez

Il était une fois Émile, un rat qui vivait à la ville dans un trou caché dans le plancher d'un salon. Ce salon appartenait à des humains : des géants aux yeux d'Émile… Aussi, il sortait de son trou quand les géants étaient partis ou quand ils étaient endormis. Alors, il visitait leur logis et se servait dans leur buffet comme si les mets étaient à lui. Il ne manquait donc de rien.

Pourtant, un matin, Émile repense à la campagne de son enfance et à Armand, son ami. Leurs jeux dans les prés lui manquent, ainsi que les fleurs, les oiseaux et leurs gazouillis. C'est qu'il y a très peu de jardins à la ville et beaucoup de cacophonie.

Les géants n'étant pas là,
Émile rejoint leur bureau,
saisit une feuille et écrit.

Trois jours plus tard,
Armand reçoit une lettre au courrier.

Armand bondit.
– Une visite ? Quelle joie !
Mais samedi... c'est aujourd'hui !

Vite, il nettoie son logis creusé
entre des racines, quand
on gratte à sa porte, *gritt gritt*.

C'est Émile, vêtu d'habits magnifiques !
Son ventre est tout rebondi.
– Quelle allure, mon ami ! s'exclame Armand.
La ville, c'est sûr, te réussit !
– C'est vrai oui... Mais nos jeux d'autrefois me manquent.
– Ça te dirait qu'on aille nager tout de suite ?
J'ai tellement hâte, propose Émile.

En haut d'un arbre, jacasse une pie.
– Piii Piii Piii, rat des villes vêtu de beau fil,
Rat des champs vivant simplement,
Amis, vraiment ?
Combien de temps se verront-ils ?

Les deux rats se déshabillent,
et dans l'eau claire de la rivière,
ils se retrouvent semblables et nus
comme quand ils étaient petits.
La joie d'antan les réunit.

Après leur bain, ils ont faim.
Armand explique :
– Pour le repas, c'est par ici !

Tels des cheveux dorés au vent,
un champ de blé danse et frémit.
Nos compères grimpent dans les épis.
– *Crounch crounch crounch*, des grains
dodus et croquants ! Quelle entrée !
s'exclame Émile. Qu'y a-t-il au menu ensuite ?
– Eh bien, tout est là ! répond Armand.
Du blé doré à volonté.
Mère Nature est fantastique !
– Ah bon, mais... et la viande ? Et le poisson ?
Et les desserts ? demande Émile.

Armand descend de son épi, et il entraîne
son ami vers un bouquet de fleurs jolies.
Il plonge son museau dedans.
C'est doux, léger, délicieusement parfumé ;
ça donne envie de danser.

Puis Armand déniche quelques baies.
– C'est tout ? s'étonne Émile. Des odeurs et des petits fruits ?
Ça ne nourrit pas, mon ami ! Tu devrais venir chez moi…
– Tu crois ? Pour moi, c'est suffisant, répond Armand.
Mais d'accord, par curiosité je te suis.

Train, caniveaux, escaliers, trou caché dans le plancher ; la nuit tombe quand les deux rats arrivent en ville.

Lorsque tout dort et qu'il n'y a plus aucun bruit, ils sortent en catimini. Sur la table, le repas des géants n'a pas été desservi.
– Pâté de lièvre, commente Émile. Travers de porc aux pruneaux avec croquantes petites frites. Salade, fromages, tarte aux fruits à la chantilly...

Armand est tout ébahi. Ses moustaches dégoulinent de sauce. C'est sûr, il a trouvé le paradis !

Mais, tandis qu'il se régale de tarte rouge aux cerises, tout à coup la lumière jaillit, et BAM BAM BAM des bruits de pas retentissent ! Au secours ! Tous aux abris !

Nos deux compères déguerpissent.

Le calme et le noir revenus,
Émile hisse son périscope.
– Ça y est, la voie est libre, dit-il.

Mais, à peine ont-ils rejoint la table,
BAM BAM BAM ça recommence !
Des pieds de géants arrivent !

– Ça suffit, quelle folie ! dit Armand.
Mon cœur va lâcher et mon estomac aussi.
Adieu l'ami, je t'aime bien,
mais demain je serai parti.

– C'est vrai ? Es-tu sérieux ? demande Émile.
Renoncerais-tu pour toujours
à ces montagnes de délices ?
– Absolument ! Sans hésiter,
confirme Armand. En vérité je m'enfuis !

Le lendemain, escaliers, caniveaux, trains,
Armand s'éloigne au petit matin.
Aux excès et aux folies de la ville, il préfère la paix,
la nourriture et les joies simples de son pays.
Il est là-bas son paradis : à l'ombre d'un arbre vert,
au creux de ses douces racines.

– *Piii Piii Piii,* jacasse la pie en le voyant revenir.
Amis par le passé oui,
Et amis encore aujourd'hui,
Mais chacun reste chez lui !

Les Monstres de la nuit

Une histoire de Magdalena
Illustrée par Christine Davenier

Tous les soirs, Papa lit une histoire à Petit Louis.
Ce soir, Petit Louis a choisi une histoire de monstres.
– Tu n'auras pas peur ? demande Papa en éteignant la lumière.
– Non, même pas peur des monstres ! répond Petit Louis, sûr de lui.

Une fois Papa parti, Petit Louis, dans son lit, n'arrive pas à s'endormir.

Il appelle Papa. Papa lui porte un verre d'eau.
Mais ça ne suffit pas. Il rappelle Papa. Papa revient et allume la veilleuse.
Mais ça ne suffit toujours pas.

Maintenant, Petit Louis a les yeux grands ouverts, il regarde la nuit.

Et tout à coup, un ogre entre dans la chambre,
se penche au-dessus du lit en montrant ses grandes dents.
Mais Petit Louis dit :

L'ogre, vexé, va chercher du renfort. Il revient avec une sorcière.
L'ogre et la sorcière se penchent au-dessus du lit,
et la sorcière fait d'affreuses grimaces.
Mais Petit Louis dit :
– Même pas peur de toi, sorcière !

La sorcière, vexée, va chercher du renfort. Elle revient avec un troll.
L'ogre, la sorcière et le troll se penchent au-dessus du lit,
et le troll crie « Bouhhhhh ! ».
Mais Petit Louis dit :
– Même pas peur de toi, troll !

Le troll, vexé, va chercher du renfort. Il revient avec un loup.
L'ogre, la sorcière, le troll et le loup se penchent au-dessus du lit,
et le loup montre ses crocs en grognant.
Mais Petit Louis dit :

L'ogre, la sorcière, le troll et le loup s'assoient au bout du lit, dépités.

Petit Louis est embarrassé, il voudrait bien les aider.
– Bon, je vais crier pour faire semblant d'avoir peur, et en échange, vous me faites votre danse.
– Notre danse des monstres du livre ? dit le troll en commençant à se trémousser.

L'ogre, la sorcière, le troll et le loup dansent autour du lit en levant les bras et en poussant des cris.
Petit Louis applaudit.
– Vous êtes trop forts, j'adore !

Et il se met aussi à crier en sautant sur son lit.

Quand Papa entre dans la chambre, les monstres se sont cachés.
– Ils sont partis ! dit Petit Louis.
Papa dit :
– Ils ne doivent pas être bien loin.
Et il crie :
– C'est quoi ce bazar ? Revenez immédiatement me voir.

Les monstres réapparaissent un peu penauds.
– C'est l'heure de dormir, allez zou ! Tous au lit comme Petit Louis, ajoute Papa.
– Il a oublié de faire le bisou du soir, chuchote l'ogre.
– C'est pour ça qu'il ne dormait pas, le petit ! réplique la sorcière.

Alors Papa se penche pour embrasser Petit Louis.

Après le bisou du soir, Petit Louis s'endort enfin.

Poussez-vous un peu.

À pas de loup

Un conte de Zemanel
Illustré par Madeleine Brunelet

Siou est un loup. Un tout petit loup.
Il n'aime pas rester seul, Siou.
Il aimerait bien suivre sa mère loup…
Seulement voilà, il ne sait pas encore marcher, pas comme il faut.
– Tu m'accompagneras quand tu marcheras comme un vrai loup !
a promis sa maman.

Alors Siou reste là, le nez en l'air, à compter les nuages et à soupirer :
– Ah si seulement je savais marcher comme un vrai loup…

Tiens, voilà une grenouille qui passe.
Elle déplie ses longues pattes, s'élance dans les airs et retombe par terre.
En haut en bas, en haut en bas...
« Quelle drôle de façon d'avancer ! Peut-être faut-il faire ainsi
pour marcher comme un vrai loup ? se dit Siou.
Essayons ! »

Et hop ! le voilà qui suit la grenouille !
En haut en bas, en haut en bas...
C'est amusant, mais à force de sauter, Siou a très mal aux pattes.
Non ! Visiblement, cette marche-là n'est pas celle d'un loup.

Tiens, voilà un papillon qui passe cette fois.
Il remue ses grandes ailes.
En avant en arrière, en avant en arrière...
« Comme c'est curieux ! Peut-être faut-il remuer les pattes ainsi
pour marcher comme un vrai loup ? se dit Siou.
Essayons ! »

Et hop ! le voilà qui suit le papillon.
En avant en arrière, en avant en arrière…
Siou remue ses pattes, le papillon ses ailes. Le papillon s'envole haut, très haut dans le ciel, tandis que Siou, lui, reste en bas, tout en bas sur le sol.
Non ! À l'évidence, cette marche-là n'est pas celle d'un loup.

Tiens, encore quelqu'un d'autre !
Un serpent arrive à présent. Il glisse sur le sol.
De gauche à droite, de droite à gauche…
« Comme c'est bizarre !
Peut-être faut-il glisser ainsi pour marcher comme un vrai loup ? se dit Siou.
Essayons ! »

Et hop ! le voilà qui suit le serpent.
De gauche à droite, de droite à gauche…
Sur le sable, sur les pierres, sur les branches…
Que c'est fatigant de ramper et de traîner son ventre par terre ainsi !
Non ! Vraiment, cette marche-là non plus n'est pas celle d'un loup.

Tiens, qui donc voit-il cette fois ?
Un blaireau qui s'avance bougon, grognon. Des pas fâchés et le sourcil froncé.
Un deux, un deux !
« Cela fait presque peur ! C'est certainement ainsi
que marchent les vrais loups, se dit Siou.
Essayons ! »

Et hop ! le voilà qui suit le roi des bougons. Un deux, un deux !
Des pas fâchés, le sourcil froncé. Un deux, un deux !
Facile pour Siou. Mais ce n'est pas très drôle de garder le sourcil froncé et de taper du pied à longueur de journée.
Non ! Décidément, cette marche-là ne va pas non plus.

« Je ne marcherai jamais comme un vrai loup » se lamente Siou.

Et, à force de suivre tous ceux qui lui passaient sous le nez,
à force de sauter comme la grenouille, de voler comme le papillon,
de ramper comme le serpent et de marcher fâché comme le blaireau, Siou s'est perdu.
Mère Loup, de retour à la tanière, ne retrouve pas son petit Siou.
Alors, un peu inquiète, elle l'appelle d'un cri de loup :
– Aouuuuuuuu ! Où es-tu Siou ?

Siou ne marche pas très bien mais entend parfaitement.
« Vite, rentrons ! » se dit-il.
Et hop ! le voilà qui court aussi vite qu'il peut, un peu n'importe comment : sautant, volant, glissant, tapant du pied.
Le voilà qui finit par arriver près de la tanière.
Là, il hume la bonne odeur du goûter que Mère Loup a préparé.
Alors, doucement, tout doucement, il s'approche pour la surprendre et…
– BOUUUU !

Il pousse un petit cri de loup.
– Quelle surprise, je ne t'ai pas entendu arriver ! dit Mère Loup.
Mais tu marches comme un vrai loup !

C'est vrai ! Comme un vrai loup !
Quelle joie pour Siou ! Ça y est, il sait marcher comme il faut à présent.
À pas tout doux, de ces pas que les oreilles n'entendent pas,
de ceux qui courent doucement, bref... à pas de loup !

La Befana

Un conte de Sandra Nelson
Illustré par Sébastien Pelon

À Montepulciano, dans la campagne toscane, vit un garçon prénommé Nicolo.
Un jour, alors que Nicolo sort de chez lui, sa mère lui dit :
– Aide-moi à traire les vaches.
– Oh que non ! répond Nicolo, en donnant un coup de pied dans le seau de lait.

Nicolo entre ensuite dans le poulailler. Il pousse alors un cri épouvantable, et toutes les poules détalent. Il vole trois œufs et se met à jongler.
Un œuf tombe par terre, puis le deuxième, et enfin le troisième.
– Si tu continues, la Befana t'apportera du charbon ! le menace sa mère.
– Oh que non ! répond le petit démon.

La Befana est une sorcière qui, à califourchon sur son balai, distribue, dans la nuit du 5 janvier, de bons gâteaux aux enfants sages et du charbon aux polissons.

Alors qu'il se dirige vers la forêt,
Nicolo chante son refrain favori :
– Je n'ai pas peur de la Befana,
je n'ai pas peur de la Befana.

Il marche longtemps, si longtemps que la nuit se met à tomber. « Il est l'heure de rentrer », songe-t-il enfin. Mais il a beau chercher de tous les côtés, il ne sait plus où il est.
– Je suis perdu, gémit-il.

Comme par magie, un cabanon apparaît devant lui.
Nicolo y entre sans frapper.
À l'intérieur, tout est vieux et poussiéreux.
Il y a une vieille chaise, une vieille cuisinière,
un vieux matelas et même un vieux chat.
À cet instant, Nicolo entend une vieille voix
chantonner :
– *Chaussettes trouées, chaussures percées,*
Me voici, me voilà,
C'est moi, la Befana.

Nicolo croyait que sa mère avait inventé
cette histoire de sorcière pour lui faire peur !
Mais la Befana est bel et bien là.
Pris de panique, le petit garçon se cache sous la table.
Son cœur se met à battre très fort,
en entendant la vieille approcher.
– J'ai des caramels et du chocolat, mais aussi
du charbon, pour les enfants qui n'ont pas été mignons !

La porte se referme comme une claque.
– Qui est là ? interroge la Befana. Il y a quelqu'un chez moi, je le sens.

Pas un bruit.
– Qui que tu sois, montre-toi ou je vais te faire manger du charbon, menace la Befana.

Nicolo, tremblant comme une feuille, sort de sa cachette.
– Qui es-tu ? demande la vieille.
– Nicolo, répond le petit garçon, d'une voix à peine audible.
– Ah, le fameux Nicolo ! J'ai entendu parler de toi !
Le vent a soufflé et m'a envoyé tous les cris de ta maman,
et même une drôle de chanson...

Nicolo se ratatine sur lui-même, terrorisé.
– Suis-moi ! ordonne la Befana.

Nicolo n'a pas d'autre choix que d'obéir à la Befana.
Ils sortent de la petite maison et se dirigent vers une sombre remise
où sont empilés de gros sacs, du sol au plafond.
– Prends un sac et apporte-le dans le cabanon.

Le sac est très lourd, et à peine Nicolo a-t-il fini de le déplacer,
que la Befana lui demande d'en transporter un autre.
Une fois tous les sacs installés dans la maisonnette, la Befana lui dit :
– Va me chercher des œufs dans la forêt et remplis-en un plein panier.
– Des œufs ? Dans la forêt ? interroge Nicolo qui n'y a jamais rencontré la moindre volaille.

Mais la Befana le regarde d'un œil
si perçant qu'il s'exécute immédiatement.

Dehors, une multitude de poules picorent tranquillement.
« Comment sont-elles arrivées là ? » se demande Nicolo en leur donnant des coups de pied pour les effrayer. Mais une fois les poules parties, Nicolo ne trouve aucun œuf.
– Qu'est-ce que c'est que ces manières ? gronde la Befana. Il faut être plus délicat !

Nicolo commence à se décourager.
– J'ai froid et je veux rentrer chez moi, dit-il en pleurnichant.

Nicolo se met à observer les poules.
Elles avancent dans un sens, puis dans un autre, grattant la terre de leurs petites pattes. Quand l'une d'elles trouve un grain, les autres lui courent après pour le lui dérober. Comme elles sont drôles !
Et c'est ce qu'il leur dit, en riant de bon cœur.
Une poule s'approche alors et dépose un œuf à ses pieds.
Puis une autre en fait de même, puis une autre encore.
Quand il a assez d'œufs pour remplir son panier, Nicolo rentre chez la Befana.
Mais aussitôt a-t-il franchi la porte, qu'elle lui demande de ressortir.
– Va traire la vache et ramène-moi un seau de lait.

Dehors, une vache, trois fois plus grosse que celles de ses parents, broute paisiblement. Alors que Nicolo s'en approche, elle recule à sa vue.
À chaque fois qu'il fait un pas en avant, la vache recule tout autant.
– Doucement, crie la Befana, tu dois te montrer galant !

Il ne va quand même pas lui faire des compliments !
Mais la vache recule toujours plus.
– Belle vache ! s'exclame-t-il en ricanant.

La vache recule encore.
– Tu dois le penser vraiment ! crie la Befana.

Nicolo observe la vache. Sa couleur est d'un miel doré étincelant. Et sa robe a l'air si soyeuse qu'il a envie de la caresser.
Et c'est ce qu'il lui dit. Alors qu'il s'approche d'elle, la vache ne recule plus.
Nicolo la caresse longuement et avec une infinie douceur.
Il peut enfin remplir son seau de lait et rentrer chez la sorcière.

– Bien joué, lui dit la Befana, l'œil pétillant. Maintenant, transforme ce lait en beurre.
– C'est impossible ! répond Nicolo.
– Bien sûr que c'est possible. Tourne autour du lait jusqu'à ce qu'il devienne du beurre.
Et n'oublie pas de lui dire merci.

Et c'est ce qu'il fait. Le lait devient du beurre, comme par magie.
Nicolo casse les œufs, les mélange à la farine, au sucre et au beurre, et y ajoute des pépites de chocolat.

Les gâteaux dans le four, Nicolo aide
la Befana à nettoyer, balayer et ranger.
Il n'a jamais autant travaillé et il est épuisé !
Mais au moment où il veut se reposer, quand,
de la cuisinière, se dégage une odeur
savoureuse de chocolat, la Befana décrète :
– On y va !

– Où ça ? demande Nicolo, exténué.
– Les distribuer !

La Befana sort les biscuits chauds et moelleux du four et en remplit un gros sac.
– Et les gâteaux au charbon ? demande Nicolo.
– Tu as déjà goûté des gâteaux au charbon ? Ce ne serait vraiment pas bon...

Nicolo enfourche le balai et s'agrippe à la Befana. Le balai décolle
en un éclair et survole la forêt endormie et les paisibles chaumières.
Ils volent sous les étoiles, bercés par un vent léger
et éclairés par la lueur de la lune.
Nicolo n'a jamais connu un sentiment
de liberté aussi grand. Il se blottit contre
la Befana, le cœur rempli de bonheur.
Elle sent une odeur de biscuit
au chocolat tout chaud. C'est si bon !

Une fois les gâteaux distribués, la Befana ramène Nicolo chez lui.
Au moment de partir, elle lui offre même quelques biscuits.
– Merci, dit Nicolo.
– À bientôt ! crie la vieille.
– *Je n'ai pas peur de la Befana. Je n'ai pas peur de la Befana,*
commence à chanter Nicolo, avant d'ajouter :
Car c'est la sorcière la plus gentille qui soit !

Recette des gâteaux de la Befana :
Beaucoup de beurre, du bon, du frais, de beaux et gros œufs extra,
une montagne de sucre, une avalanche de farine, une mine de chocolat noir.
Mélangez avec amour, faites cuire délicatement et dégustez sans plus tarder !

Trois Petits Lapins

Une histoire de Zemanel
Illustrée par Amélie Dufour

Père Lapin sort de son terrier. Derrière lui vient la maman, et pour finir viennent leurs enfants. Trois coquins qui ne veulent qu'une chose, voir le soleil se lever derrière la colline.
– Ne faites pas n'importe quoi, prévient Mère Lapin.
– Ne jouez pas n'importe où, prévient Père Lapin.
Et surtout, ne vous approchez pas de la maison des humains.

– Oui Papa ! Oui Maman ! promettent les petits.

En quelques bonds, les trois petits lapins sont déjà loin.
– J'espère qu'ils ne risquent rien, soupire Mère Lapin.
– Ils doivent apprendre la vie, sourit Père Lapin.

Hop, hop, hop !
Voilà les trois coquins de l'autre côté de la colline.
Un grand tapis de fleurs s'étale devant eux.
– Venez ! dit l'aîné, les parents sont loin,
on peut jouer comme on veut.

Les trois frères bondissent de-ci de-là
faisant n'importe quoi.

Le premier saute sur les fourmis.

Le deuxième
chasse les papillons.

Et le troisième bouscule abeilles et bourdons.

– Allons voir plus loin,
propose le cadet.

Les trois frères bondissent de-ci de-là et s'aventurent n'importe où.
Heureusement ils ne se font voir ni du faucon, ni du renard.
Ils traversent le ruisseau et aperçoivent une grande maison.
– Regardez ! crie l'aîné, une ferme, venez !

Père Lapin a bien dit de ne pas s'approcher mais...
les trois coquins ont déjà oublié.

Alors, tandis qu'ils bondissent de-ci de-là,
ce qui devait arriver arriva : attrapés par les oreilles,
les voilà tous les trois dans le panier d'un fermier.
On les enferme dans une boîte en bois au milieu
de la basse-cour. Il fait sombre.
C'est à peine s'ils voient le jour par un petit trou.

Dehors, les poules caquettent, le coq chante et le chien aboie.
Pauvres petits lapins, que va-t-il leur arriver ?

– Les humains mangent les lapins… soupire l'aîné.
– Et si ce n'est eux, ce sera le chien, pleurnichent ses frères.
Dehors passent des fourmis. Elles s'arrêtent et regardent.
– Aidez-nous ! crient les lapins.

Mais…
Trotti, trotti, trotta !
Elles passent leur chemin et s'en vont marcher plus loin.
Peu après viennent deux papillons. Ils se posent et jettent un œil.
– Aidez-nous ! crient les lapins.

Mais...
Voli, voli, vola !
Les papillons passent leur chemin
et disparaissent dans le ciel.

Passent ensuite quelques abeilles,
qui interrompent leur travail
pour observer la boîte.
– Aidez-nous ! crient les lapins.

Mais...
Zoum, zoum, zoum !
Elles passent leur chemin
pour aller butiner plus loin.

Quand vient la nuit, les lapins pleurent.
Bientôt viendra la fermière,
elle les prendra tous pour les jeter
dans une marmite...
Voilà la boîte qui bouge.
– Au secours ! crient les lapins.

Par le petit trou, on voit un œil.
Grignoti, grignota, le petit trou devient grand.
Les trois frères aperçoivent bientôt les yeux de leurs parents.
Grignoti, grignota, voilà un passage assez grand pour libérer les enfants.
– Merci Papa, merci Maman ! Mais qui vous a avertis ?
– Les abeilles, les papillons et les fourmis, répondent les parents. Heureusement !
– Allez, vite, tout le monde au terrier, ordonne Père Lapin.
Et attention à ne pas réveiller le chien.

Une fois dans le terrier, un câlin
et au dodo les trois coquins.
Quelle journée !

Après la nuit, vient le matin.
Le soleil est déjà haut quand sortent
les trois petits lapins.
– Ne faites pas n'importe quoi,
prévient Mère Lapin.
– Ne jouez pas n'importe où,
prévient Père Lapin.
Et surtout, ne vous approchez plus
de la maison des humains.
– Oui Papa ! Oui Maman !
promettent les petits.

Pour une fois, ils jouent à la porte
du terrier et, quand passent
les abeilles, les papillons et les fourmis,
les petits ne leur font rien.

De l'autre côté de l'horizon, là où le soleil se couche
tous les soirs, brille une colline dorée...
– Et si on allait voir demain ? propose l'aîné.

Mowgli et les loups

Raconté par Anne Fronsacq, d'après Le Livre de la jungle *de Rudyard Kipling*
Illustré par Sébastien Pelon

Au milieu de la jungle, dans le lointain pays de l'Inde, vivait le Clan des Loups.
Au fond, dans leur tanière, Père Loup veillait sur Mère Louve qui allaitait leurs petits.
Il regardait avec tendresse les quatre louveteaux qui venaient de naître.
Soudain, un rugissement terrifiant se fit entendre.

Père Loup se leva aussitôt et sortit voir ce qui se passait.
C'était Shere Khan, le terrible tigre, qui hurlait de douleur et de rage.
– L'imbécile, gronda Père Loup, il a voulu aller trop vite !
Il s'est brûlé les pattes au feu des hommes, et a laissé échapper sa proie.

Posté sur la colline, non loin de sa tanière,
Père Loup scrutait la nuit.
Dans le silence revenu, il dressa l'oreille.
– Quelle est cette chose qui monte la pente ?

Père Loup aperçut un buisson qui bougeait.
Il s'approcha, prêt à bondir,
mais il arrêta net son élan.
– Un petit d'homme ! s'exclama-t-il.

En effet, sous le feuillage, un petit bébé
brun tout nu avançait à quatre pattes.
Il leva la tête, regarda Père Loup en face
et gloussa.
– Un petit d'homme. Je n'en ai jamais vu !
Apporte-le-moi ! dit Mère Louve
qui était sortie à son tour.

Doucement, tout doucement, Père Loup prit le bébé dans sa gueule
et le déposa devant Mère Louve sans même une égratignure.
– Qu'il est mignon ! Nu, sans le moindre poil ! dit Mère Louve en le léchant.
– Et intrépide ! dit Père Loup. Vois comme il me regarde, et il n'a pas peur !

Le bébé se blottit contre la chaude fourrure de Mère Louve.
– Oh ! dit Père Loup, on dirait qu'il a faim !
– Pauvre petit bout d'homme ! chuchota Mère Louve.

Le bébé se mit à téter goulûment,
les quatre louveteaux serrés contre lui.

Pendant ce temps, Shere Khan s'était approché.
Sa grosse tête carrée et ses larges épaules bloquaient l'ouverture de la tanière.
Son rugissement roula comme le tonnerre.
– Rendez-moi ma proie ! Elle est à moi ! Ses parents se sont enfuis.
Je m'apprêtais à l'attraper.

Heureusement le tigre était trop gros
pour pénétrer à l'intérieur.
– Tu n'as rien à faire ici ! répliqua Père Loup.
Ce petit d'homme est chez nous,
donc il est à nous.
– Vous n'avez pas le droit de le garder !
rugit Shere Khan.

Mère Louve sauta vers le tigre, les dents en avant, les yeux lançant des éclairs :
– Sors d'ici, mangeur de petits tout nus, ou tu le regretteras. Je suis pire qu'un démon !
Ce petit est le mien. Il ne sera pas tué. Il vivra pour courir avec le Clan.
Prends-y garde, un jour il te fera la chasse à toi !

Shere Khan comprit que Mère Louve le combattrait à mort. Alors il se recula en grondant.

Une fois à l'air libre, il cria avec un rire méchant :
– Eh ! Eh, je connais la loi des loups. Vous n'avez pas le droit de le garder ainsi. C'est au Clan de décider. Un jour ou l'autre, il me le rendra !

Et le tigre disparut dans la nuit.

Mère Louve, encore toute tremblante de rage, alla retrouver ses petits. Père Loup lui dit gravement :
– Shere Khan a raison ! Le petit d'homme doit être accepté par le Clan. Veux-tu vraiment le garder ?
– Bien sûr que je le garde. Nous l'élèverons avec nos petits. Comme il a la peau douce, je l'appellerai « Mowgli, la Petite Grenouille ».
– Bon, c'est d'accord, dit Père Loup, j'en parlerai à notre chef.

Rassurée, Mère Louve s'allongea et dit au bébé :
– Couche-toi là, Petite Grenouille. Viendra le temps où tu feras la chasse à Shere Khan, comme il t'a fait la chasse à toi.

Bientôt, Mowgli s'endormit au milieu de ses nouveaux frères, les quatre petits loups. Mère Louve couvait ses cinq enfants des yeux. Père Loup veilla à l'entrée de la grotte toute la nuit mais Shere Khan ne se montra pas.

Un soir de pleine lune, le Clan des Loups se réunit au Rocher du Conseil. C'était le jour où chaque famille venait présenter ses nouveau-nés. Ainsi, tous les membres du Clan les connaîtraient, pourraient veiller sur eux et les protéger des dangers de la jungle.

Au sommet de la colline, Akela, le grand loup solitaire, le chef du Clan, était étendu sur une pierre. Un peu plus bas, une quarantaine de loups de tout âge, de toute taille et de toute couleur, se tenaient assis.

Père Loup poussa du museau ses louveteaux et Mowgli avec eux, au milieu du cercle.
– Voici mes nouveaux enfants, annonça-t-il fièrement.
– Regardez-les bien, ô loups ! répéta Akela comme à chaque présentation.

Un rugissement sortit de derrière les rochers. C'était la voix de Shere Khan.

– Ah non ! Pas le petit d'homme ! Il est à moi.
Akela ne remua même pas les oreilles. Il dit simplement :
– Le Clan des Loups n'a rien à faire de tes ordres. Va-t'en !
– Mais ce petit d'homme va vous gêner, insista le tigre, à quoi bon le garder ? Donnez-le-moi.

Des grognements s'élevèrent d'un groupe de jeunes loups.
L'un d'eux, âgé de quatre ans, se tourna vers Akela.
– Il a raison ! Le Clan n'a que faire d'un petit d'homme.
Il va nous causer des ennuis.

Mère Louve sentit son poil se hérisser d'inquiétude.
Et si le Clan refusait de garder sa Petite Grenouille ?

Heureusement, l'ours Baloo se leva.
Il était le seul étranger accepté au Conseil.
Tous l'aimaient et le respectaient car il enseignait aux louveteaux la loi de la meute et les dangers de la jungle.
L'ours brun prit la parole :
– Je vais parler au nom du petit d'homme.
Laissez-le grandir avec ses frères les loups.
Il ne fera aucun mal. Je lui apprendrai la vie.
– Il nous faut encore un avis, dit Akela. Qui parle avec Baloo ?

Une ombre noire bondit au milieu du cercle.
C'était Bagheera, la panthère.
Tous l'admiraient et la craignaient à la fois.
– Laisser tuer un petit tout nu est une honte ! En outre, quand il sera en âge, il pourra vous aider à chasser. Moi aussi, je veillerai sur lui.
Gardez le petit d'homme, et je vous apporterai un taureau pour faire un festin, un beau taureau que j'ai tué ce matin.

Séduits par l'idée du festin, les loups furent d'accord pour accueillir Mowgli. Mère Louve poussa un profond soupir de soulagement. Avec tendresse elle serra tous ses petits sur son cœur. Blottie contre elle, sa Petite Grenouille gazouilla de bonheur. Shere Khan s'éloigna dans la nuit, rugissant de fureur.

C'est ainsi que Mowgli entra dans le Clan des Loups, et grandit bien protégé par ses parents et par toute la meute. Baloo et Bagheera lui apprirent à chasser, à pêcher, et aussi à se défendre, car Shere Khan, le tigre mangeur d'hommes, rôdait toujours…